VR+教育

可视化学习的未来

杜颖◎编著

清华大学出版社
北 京

内 容 简 介

本书主要介绍VR教育团队如何选定内容，确定市场方向，并结合教育行业的特点，融入国内外先进的教学理论、教学模式、教学策略等内容，来探讨VR给教育带来的颠覆性改变。

本书分为四个篇章：行业篇、探索篇、实践篇、展望篇。每一篇都充分结合了教育行业和VR技术行业两个角度，找到二者之间的契合点。书中不仅有详细的技术介绍、教学理论、教学数据，还在很多制作过程中分享了行业内的"干货"，为想在VR教育行业内探索的VR从业者和教育从业者提供宝贵的经验分享。

其中实践篇为本书的重点部分，通过一个学期的亲身VR教学实践，作者不仅证明了自己公司研发的课程对于课堂教学效率和学生学习动机等方面的提高，而且从多个角度分享了VR内容制作所需要充分考虑到的教学方法、教学策略等，并给VR行业内的从业者分享了VR内容制作需要解决的教学"痛点"和教学难点以及注意事项，同时从市场和行业的角度提出VR进入教育行业的管理意见。

本书面向的读者对象为VR教育行业从业者、一线教师、教研人员、校领导、希望毕业后从事VR行业的专业性学生（如美术设计、程序开发等专业的本科生或是专科生），以及对VR感兴趣的家长乃至学生。

本书封面贴有清华大学出版社防伪标签，无标签者不得销售。

版权所有，侵权必究。举报：010-62782989，beiqinquan@tup.tsinghua.edu.cn。

图书在版编目（CIP）数据

VR+教育：可视化学习的未来 / 杜颖编著. — 北京：清华大学出版社，2017（2023.2重印）
ISBN 978-7-302-47342-8

Ⅰ.①V… Ⅱ.①杜… Ⅲ.①多媒体教学 Ⅳ.①G434

中国版本图书馆CIP数据核字（2017）第102387号

责任编辑： 刘　洋
封面设计： 李召霞
版式设计： 方加青
责任校对： 宋玉莲
责任印制： 丛怀宇

出版发行： 清华大学出版社
　　　　　　网　　址：http://www.tup.com.cn，http://www.wqbook.com
　　　　　　地　　址：北京清华大学学研大厦A座　　邮　　编：100084
　　　　　　社 总 机：010-83470000　　邮　　购：010-62786544
　　　　　　投稿与读者服务：010-62776969，c-service@tup.tsinghua.edu.cn
　　　　　　质 量 反 馈：010-62772015，zhiliang@tup.tsinghua.edu.cn
印 装 者： 涿州市般润文化传播有限公司
经　　销： 全国新华书店
开　　本： 170mm×240mm　　**印　　张：** 14.25　　**字　　数：** 256千字
版　　次： 2017年6月第1版　　**印　　次：** 2023年2月第3次印刷
定　　价： 59.00元

产品编号：075553-01

自序
一个"不安分"的白羊女

提起笔,思绪万千,却不知从何说起。拼搏的故事在北上广从来都不缺,每个创业者的背后恐怕都是数不尽的心酸、眼泪和无助。很多人不得不在人前强颜欢笑,心里却觉得创业的路上每一天都是如履薄冰。我的励志故事在众多的创业者中不过是沧海一粟。我也算不上"成功",我离这个词相去甚远。可是,在做VR教育的人里,我也算是独树一帜了。不是因为我既懂VR又做过多年老师,而是因为我自己真真切切地就用了自己公司开发的VR课程在学校里讲了整整一学期的VR课。而目前为止,恐怕真正用VR课程讲一学期课、拿到教学数据,同时可以随时调整自己制作VR课程内容和方向的人(不论是企业的CEO,还是老师),在全国范围内,目前我算其中一个。所以我算是有一点资格可以在这本书中给大家分享一些"干货"。

先介绍一下我自己吧。我叫杜颖,是毕业于北京语言大学的硕士,白羊座,积极,热情,喜欢拼搏,所以很多人都说我骨子里流着"创业的血",因为我喜欢承担更多的事情,更喜欢"没事儿找活儿干"。读硕士期间,我就开始在北京语言大学给本科生讲精读。那段时间是我人生最快乐的日子之一,我也因此爱上了精读教师这个职业。我也在很多培训机构教过英语,帮助学生在短时间内通过各种考试。那时候,很多人对我的评价就是"天生的老师";讲课的时候,很多学生觉得我像"发光的太阳"。相比培训而言,我更喜欢做精读老师。因为讲台就是我的舞台,而我的课堂我做主;我的课堂并不是单纯以拿到"高分"为目的,而是培养学生的综合能力、知识的精读和拓展。我也以为我会一直这样做老师,不过由于种种原因,我又机缘巧合地进入了VR这个行业,开始做商务。于是又有人说,我是天生的商务人士,善于寻找和整合资源。

就这样，在众人所说的 VR 行业元年——公元 2016 年，在大家口中的 VR 行业的春天，我怀着"一腔热血"开始创业。起初我的想法很简单，毕竟做了接近十年的一线教师，教过形形色色的学生；又做了一年多的商务，对 VR 行业有了相当的了解，从最初大家"抱团取暖"到铺天盖地的"VR 行业元年""泛娱乐"，似乎只要是跟 VR 沾边，资本就会涌过来。我有种舍我其谁的感觉，觉得自己是独一无二的，VR 教育就应该由我来做。凭着这股"冲劲儿"和之前的资源积累，我几乎第一时间找到我的投资人，拿到了天使轮投资。有了"高起点"，我就风风火火地踏上了我的创业之旅。岂知，创业的路上铺满荆棘，虽然到现在为止，大坑没有，小坑不断。我愿借这本书把这些经验一并分享给各位读者。

本书共分为四个篇章，第一篇为行业篇，主要描述虚拟现实这个行业从春天到冷冬，以及这个过程中我的创业经历，同时对教育这个领域的市场和涉及的教学理论、教学方法等做一个整体介绍；第二篇为探索篇，主要是讲述"VR+教育"的各方面优势，并对"教育公平"这个当下热点话题，从 VR 的角度进行探讨；第三篇为实践篇，里面包括大量 VR 制作的"干货"、VR 教育市场开拓和教学实践的经验分享；第四篇为展望篇，主要探讨教学改革，教学模式在未来的趋势和形态，以及 VR 可以给未来教育带来什么样的颠覆。

希望大家读完这本书，可以更多地了解 VR 教育，认识 VR 教育，并爱上 VR 教育，也希望可以向同样在 VR 教育这个行业中奋斗的同人分享我的经验，更希望能够启发更多人参与到 VR 教育内容的制作中来，大家一起携手把 VR 带入学生学习的各个学科与各个阶段，真正通过科技，让学习快乐起来。谨以此书献给那些跟我一样在 VR 教育行业里拼搏的团队同人，也献给跟我一样热爱教育事业，并积极寻求教学创新的人们。

此外，我要特别感谢首都师范大学附属育新学校（以下简称育新学校）及首都师范大学附属回龙观育新学校（以下简称回龙观育新学校）的领导和老师们。尤其是回龙观育新学校郭宴伟老师在这个过程中自始至终地跟进、点评和指导，她跟我们一起探讨 VR 内容的研发和方向，一起探索让 VR 课程能够更早地进入更常规的主科课程。希望中国有更多的老师都能像郭老师这样，勇于探索和创新，真正地为中国的教育事业、素质教育改革，更好地实现教育公平而付出自己的努力。

目　录

行　业　篇

第一章　VR行业的"春天"与"冷冬" ·· 2
　　第一节　我亲身经历的国内VR行业的"崛起" ···························· 6
　　第二节　"抱团取暖"的时代 ·· 18
　　第三节　适逢风口，开始创业 ·· 19
　　第四节　VR遭遇"瓶颈"：重新洗牌，行业应用视为突破口 ········ 24

第二章　庞大的教育市场需要创新 ··· 29
　　第一节　百家争鸣的教学理论，新型教学模式层出不穷 ··············· 31
　　第二节　创新也是有"风险"的 ··· 39
　　第三节　VR+教育：市场前景与政策支持 ································· 42

第三章　VR教育行业现状 ··· 50
　　第一节　内容厂商"各自为战" ··· 51
　　第二节　高昂的制作成本与大众眼中的内容 ······························ 55
　　第三节　踏实做好内容才是突破 ··· 59

探　索　篇

第四章　VR + 教育，优势在哪里？ ·· 64
　　第一节　问题：VR到底是"锦上添花"还是"不可或缺"？ ········· 64
　　第二节　身临其境——VR带给教学的重大意义 ························ 69
　　第三节　VR交互：可以触碰的教学内容 ·································· 74

第五章 VR与教育公平 82
　第一节 教育公平的现状 82
　第二节 教育公平的出路 93
　第三节 VR如何促进教育公平 96

实 践 篇

第六章 如何设计、策划、制作并推广VR课程 102
　第一节 锁定市场和方向的"心路历程" 102
　第二节 课程策划所需遵循的教学理论基础 108
　第三节 VR课程制作，各环节之间的贯通 115
　第四节 通过VR激发和培养学习动机 121

第七章 从零到一的突破 132
　第一节 志同道合：做第一个吃螃蟹的人，找第一个吃螃蟹的学校 132
　第二节 课堂教学设定与安排，充分结合艾宾浩斯记忆曲线 140
　第三节 教学过程中的教法变换与数据对比验证 142
　第四节 创新融合课给VR更大的舞台 150

第八章 VR教育内容制作团队遇到的困难与挑战 162
　第一节 来自学校和外界各方的"顾虑"与"质疑" 162
　第二节 部分传统教师的质疑：是否会磨灭学生"美"的赏析能力的培养 167
　第三节 VR进入学校教学过程的管理建议 177
　第四节 VR内容自主创新和保护 180

展 望 篇

第九章 展望未来···190
　　第一节 携手共赢，搭建生态：VR可以跟哪些教学模式进行
　　　　　 结合···190
　　第二节 教学改革——以VR的视角谈教改·····························198
　　第三节 科技教育之路任重而道远···204

附　录 行业媒体对本书作者的专访··209
参考文献···217
后　记···220

行业篇

第一章
VR行业的"春天"与"冷冬"

VR 行业的人都知道，VR 并不是一个全新的概念，它从 1963 年就开始处于萌芽阶段了。在历史上 VR 经历过四个发展阶段：1950—1970 年；1970—1990 年；1990—2000 年；2000 年—现今。但实际上，在这四个阶段之前的 1935 年，小说家斯坦利·温鲍姆（Stanley G.Weinbaum）在他的科幻小说《皮格马利翁的眼镜》（*Pygmalion's Spectacles*）中描述了一款虚拟现实眼镜，该小说后来被认为是世界上最先提出虚拟现实概念的作品。

1950—1970 年，最原始的 VR 产品出现

20 世纪 50 年代，虚拟现实界的先驱莫顿·海力格（Morton Heilig）提出了"体验型剧场"的概念，这个剧场能给观众带来全方位的感观体验。

1962 年，莫顿·海力格根据自己的概念打造了一款模型并取名为"体验剧场"（Sensorama），能同时提供视觉、声音、气味和触感上的体验。

1968年，伊凡·苏泽兰(Ivan Sutherland)与自己的学生鲍勃·斯普劳尔(Bob Sproull)一起创造了世界上第一个 VR 与 AR 头显（虚拟现实头戴式显示设备）系统，设计了第一套头戴式显示 VR 设备，被用户们称作"达摩克利斯之剑(The Sword of Damocles)"，见图 1-1。

图 1-1　早期的"达摩克利斯之剑"只能镶嵌在天花板上

1970—1990 年，VR 概念形成期

1978 年，麻省理工学院打造了一款叫作"阿斯本电影地图（Aspen Movie Map）"的产品，实际上，它就是美国阿斯本镇的模拟程序，效果上很是粗糙。

1982 年，世界上第一家计算机公司雅达利（Atari）创办了一个虚拟现实实验室，该实验室在两年后关闭，但其员工却继续进行着虚拟现实技术的研究。

1985 年，虚拟现实先驱杰伦·拉尼尔（Jaron Lanier）创办 VPL Research 公司并发布了几款虚拟现实产品，其中有一款"能量手套（Power Glove）"是早期比较廉价的 VR 设备。

1990 年，虚拟现实行业开始受到媒体的关注。同年，虚拟现实先驱乔纳森·沃尔登（Jonathan Waldern）博士展示了名为"Virtuality"的游戏街机，该设备利用 VR 头显给玩家带来沉浸式体验。

1990—2000 年，VR 技术理论的成熟期

1991 年，日本知名电子游戏公司世嘉株式会社（简称世嘉）发布了为街机游戏设计的 VR 头盔（SegaVR）和控制器（Mega Drive），该套设备能通过追踪玩家的头部动作在游戏中做出相应的动作。同年，虚拟现实游戏街机"Virtuality"上市，成为史上第一个基于网络且实现量产的多人 VR 娱乐系统。

1994 年，世嘉针对游戏发布了 Sega VR-1 动作模拟器，该产品能够追踪头部动作并提供 3D 图形。

1995 年，任天堂发布了游戏"虚拟男孩（Virtual Boy）"，能给玩家提供 270°沉浸体验。

2000 年—现今，VR 产品开始大放异彩

2010 年，帕尔默·洛基（Palmer Luckey）创办了 Oculus VR 公司，打造了虚拟现实头盔 Oculus Rift 原型。

2014 年，Facebook 以 20 亿美元的价格收购了 Oculus VR。

2015 年，HTC 与维尔福软件公司（Valve Softwar）联合发布了虚拟现实头盔 HTC Vive 与其追踪系统 Lighthouse。

○ 什么是VR

Virtual reality（以下简称 VR），即虚拟现实，是一种计算机技术，能生成一个模拟真实世界的虚拟环境（或者直接生成一个虚构的环境），用户能在这个具有沉浸感的环境中进行各种交互式体验。代表设备有主流三大头显：Oculus cv1、HTC Vive、索尼 PS VR，见图 1-2。

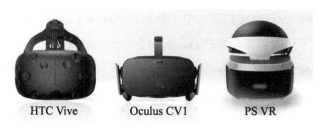

图 1-2　目前全球市场上的三大主流 VR 头显

提到 VR，大家还会想到另外两个 R，分别是 AR 和 MR。

Augmented reality（以下简称 AR），即增强现实，利用计算机技术将虚拟的信息叠加于现实环境中，并能与之产生交互，从而使得现实生活中的元素得到强化。代表设备有微软 Hololens（见图 1-3）。在这里需要指出的是，国内将 AR 的概念广义化了。举个例子，某些手机软件通过手机摄像头识别出印刷图片上的动物后，能够在手机屏幕上显示出真实环境下该动物的虚拟形象，很多厂商把这种现象称为 AR。从严格意义上来说它不是真正的 AR，因为少了一个很重要的因素：互动。

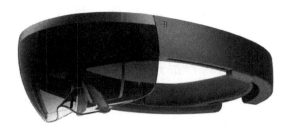

图 1-3　微软 Hololens

Mixed reality（以下简称 MR），即混合现实，是将真实环境与虚拟环境进行融合，以产生新环境。在这个新环境中，虚拟物体与真实物体能够并存和实时交互。MR 目前还没有成型的产品，只是有相关机构进行这方面的研究，也有一些人把微软的 Hololens 定义为 MR 产品。

对于 VR、AR 和 MR 的解释，可能各有千秋，但都大同小异，三者共同具有也必须具有的一个特点是可交互性。而三者的区别是：

VR（虚拟现实）是基于完全虚拟的环境，将用户的存在感模拟到这个虚拟环境中；

AR（增强现实）是基于真实的环境，将虚拟的物品实时穿插到真实的环境中并产生互动；

MR（混合现实）是同时基于虚拟环境和真实环境，可以看作 VR 和 AR 的结合。

相信在 VR、AR 行业内的人应该都对 Magic Leap[①] 的一段海洋馆内鲸鱼从虚拟世界中跃出（见图 1-4），旁边溅起巨大的水花，震惊周围观众的视频记忆犹新。虽然众多关于视频造假的传言四起，但是我们有理由相信，科学技术完全可以实现这样的效果，这只是一个时间问题。可是，科技的发展速度很多时候远比人想象的速度快。对于 Magic leap 到底是 AR 还是 MR，大家说法不一，因为 AR 和 MR 本身就没有明显的界限。

图 1-4 magic leap 的宣传视频中"鲸鱼从虚拟世界一跃而出"的场景截图

---

① Magic Leap 是一个开发类似微软 HoloLens 的增强现实公司，主要研发方向就是将三维图像投射到人的视野中。在 2016 年完成 C 轮融资后，该公司的估值至少已达到 45 亿美元。

第一节 我亲身经历的国内 VR 行业的"崛起"

VR 行业的春天要从 2012 年年底 Oculus VR 在众筹网站 Kickstarter[①] 上募集到 240 万美元开始追溯。随后在 2014 年 3 月，Facebook 宣布以 20 亿美元收购 Oculus，VR 开始渐渐步入春天。同在 2014 年，国内 VR 头显厂商 AntVR 也在美国 kickstarter 众筹网站上开始众筹，最终众筹到 26 万余美元。

2015 年年初，我机缘巧合地进入 VR 这个行业。第一次看到 VR 眼镜还是在公司体验的暴风魔镜。现在我还记得当时通过 VR 眼镜看的是《泰坦尼克号》这部电影中的一个片段，超级震撼，完胜 3D 版的泰坦尼克号。VR 带给我的震撼可以说是从那一刻开始的，我也因此爱上了 VR。随后 4 月中旬的 UNITE 开发者大会上，我看到国内的很多品牌的头盔，比如大朋（现在叫作乐相科技）、3Glasses、蚁视（AntVR）等。那个时候的头盔基本上都是连接电脑的头显。为了在展会展示出好效果，很多公司都是扛着显示器、键盘和鼠标，运输成本很高。市场上主要有两种 VR 头显，一种就是我上面提到的连接电脑的 VR 头盔，还有一种就是 VR 眼镜，类似 google cardboard——把手机插到 VR 眼镜里，就可以体验 VR 内容了，而 VR 眼镜的价格要远低于连接电脑的 VR 头盔。到了 2015 年 7 月，一些厂商就开始布局移动端，生产 VR 一体机。我第一次见到 VR 一体机设备是在 2015 年 7 月末 8 月初的 ChinaJoy[②] 期间的活动上，有一个 VR 头盔生产厂商选择那个时间发布他们的一体机，并开始众筹。随后很多厂商也开始陆续推出 VR 一体机。到 2015 年年底，我见到的一体机设备就已经有十余家了。当然，行业内真正生产和布局 VR 一体机的生产厂商远远不止这个数字。VR 一体机，顾名思义，就是指具备独立处理器的 VR 头显，可以理解为将手机硬件与 VR 眼镜进行一体化整合。

---

① 美国纽约一个专为具有创意方案的企业筹资的众筹网站平台，于 2009 年成立，在全球范围内影响很大。

② 中国国际数码互动娱乐展览会（ChinaJoy）是全球数码互动娱乐领域最具影响力的大型展会，有众多 VR 硬件和内容等厂商参加。

○ VR硬件篇之输出设备：头显

到现在为止，我一共提到三种形式的 VR 设备，下面我总结一下常见的三种类型的 VR 头显设备，见表 1-1。

表 1-1　不同种类的 VR 硬件和对应的特点

类别	特点
桌面端 VR（PC 端 VR）	连接电脑或主机的 VR 头显，如 HTC、Oculus 等
移动端 VR	VR 眼镜也叫 VR 盒子，如 google 的 cardboard，需要插入手机方可体验 VR 内容
一体机 VR	英文叫 all-in-one，既不需要连接计算机，也不需要连接手机

VR 硬件的发展速度快得惊人。2015 年年初，我还在一个初创团队做商务总监，每天的主要任务就是关注这些生产 VR 头显的公司，在各种活动上跟他们洽谈商务合作。而 2015 年 4 月在 UNITE 开发者大会上，我看到的 VR 头显全部加到一起的种类也不到 10 家；但是到了同年六七月，我听说的 VR 头显也有接近 50 家了。当时我们公司的 VP（副总裁，也是一个我很佩服的极客）十分肯定地告诉我，到了 2016 年做 VR 头显的厂商至少有一半的公司会倒闭（虽然到现在我并不能确切地得到"倒闭的头显厂商"的数字，但是确实听说了很多家头显公司破产倒闭）。我半信半疑地点点头，心想，行业优胜劣汰，剩下的应该就是效果好的头盔厂商了。这对于大众来说，也是好事。那么，什么样的 VR 头显算是效果好？相信大部分人的回答应该是：戴上体验时不会感觉到眩晕、佩戴轻便不沉重、显示清晰无网格的头显。下面，我就从一个 VR 行业从业者的角度来介绍一下考察硬件头显的指标都有哪些。

○ 考察VR硬件头显体验的指标

硬件的性能直接决定了 VR 体验好坏，根据国内知名 IT 新闻网站 cnBeta.com 2016 年 4 月发表的《VR 产业三人硬件技术标准解析》最新的全球 VR 技术标准对 VR 硬件的延时和刷新率做出了明确的要求：

1. 延时：<20ms
2. 屏幕刷新率：≥ 75Hz

3. 陀螺仪刷新率：≥ 1K

这里的延时，指戴上 VR 设备时头部运动与视觉感知的匹配程度。人类生物研究表明，人类头动和视野回传的延迟须低于 20 毫秒，否则将产生视觉拖影感，从而导致强烈眩晕。而只有当传感器（陀螺仪或空间定位仪）捕捉到头部动作信息 > 处理器进行运算并产生图像 > 投射到使用者眼前屏幕上的时间 ≤ 20 毫秒时，才可以在减少晕动症上起到较好的作用。

屏幕刷新率是直接影响到 VR 画面质量和眩晕感强弱的另一因素，又可以称为屏幕余晖。屏幕刷新率越高，眼前的画面呈现的效果余晖就小，屏幕的闪烁感也会得到改善，能够有效减少眩晕感，让体验效果更好。当前屏幕刷新率在 75Hz ～ 90Hz 的 VR 设备为入门级标准指标，高于 90Hz 的 VR 设备为中阶 VR 产品。

除此之外，下面几项内容也是非常重要的考察指标（建议学校或用户在采购设备时多关注一下）。

4. FOV（field of view）视场角

按照工效学的定义，人眼的视场角（视野）是指当人的头部和眼球不动时，它能觉察到的空间范围，通常以角度表示。在水平面内，最大固定双眼视野为 180°，扩大的视野为 190°。其中，标准视线左右各 10°～ 20° 的范围内可以辨别字，左右各 5°～ 30° 范围内可以辨别字母，左右各 30°～ 60° 范围是颜色视野，并且人眼最敏感的视力是在标准水平视线两侧各 1°～ 15° 的区域里。

根据《虚拟环境中最佳观察视场角的实验研究》结果显示，测试者对虚拟环境中目标判断准确性最大的视场角参数为 60°，而在 30° 视场角时被试者对目标判断的准确性为倒数第二位。这说明，无论在实际还是虚拟的环境中，操作者进行作业时，除要注视操作对象外，还要看到周围的情况，如果视野很小或缺损，将会对工作效率产生影响，甚至造成失误。所以，在进行虚拟现实应用时，模拟真实世界中的最佳视场角并不是最好的虚拟参数，因为用此值来显示的图像内容过窄而不利于人的判断。

目前大多数 VR 头显公司的视场角已经达到了 110°，这使 VR 设备对于使用者在虚拟环境下进行判断提供了更好的视野，虽然与人眼视场角 180° 还有很大的差别，却在 VR 的虚拟环境中已经可以达到较高的沉浸感体验度。

5. 屏幕分辨率

在体验 VR 时，我们总在关注屏幕分辨率，但决定清晰度与效果的却是 PPI（pixels per inch）。PPI 是图像分辨率的单位，表示的是每英寸所拥有的像素（pixel）数目。因此，PPI 数值越高，即代表显示屏能够以越高的密度显示图像。当然，显示的密度越高，拟真度就越高。图像 PPI 值越高，画面的细节就会越丰富，因为单位面积的像素数量更多。

所以在分辨率相同的情况下（2K），屏幕越小，画面效果越清晰，VR 体验效果越佳。表 1-2 列举的是市面上的一些 VR 设备及移动端设备的 PPI 数据（仅供参考）。

表 1-2　主流硬件设备屏幕的 PPI 数据

类别	设备	PPI 数值
PC VR 头显	Oculus CV1	456
	HTC Vive	447
VR 一体机	酷开随意门 G1	704
	暴风魔镜 MATRIX	705
	Idealens K2	423
主流手机	荣耀 Magic	577
	HTC 10	565
	三星 GALAXY S7 Edge	534
	LG V20	515
	苹果 iPhone 7 Plus	401
	苹果 iPhone 7	326

6. 重量（见本节"其他影响 VR 体验的因素"部分中的"设计"）

在重量方面，肯定是越轻便越好。这跟佩戴眼镜是相似的，越轻的眼镜对鼻梁的压迫越小，佩戴也越舒适。VR 眼镜虽然不像眼镜一样需要整天佩戴，但其重量对佩戴舒适感有极大的影响，所以重量也是非常重要的参考因素。

7. 是否考虑近视、视距

小学生的视力普遍存在很多的问题，比如很多小学生从三年级开始就佩戴近视眼镜，而每个人的视距也各不相同。选取 VR 头显的时候，要么选择直接允许佩戴眼镜的设备，要么就要选取可以调节近视和视距的 VR 头显。

8. 镜片是否过滤蓝光

我们经常看到蓝光对人眼造成损伤、××眼镜有效过滤蓝光等"广告语"。事实上，强烈的蓝色光波在长时间观看后会使人眼产生疲劳感，但是并没有实验报告或者专家明确证实蓝光是否真的会对视力造成永久性影响及伤害。

蓝光其实只是可被我们人类肉眼分辨的众多波长中的一种，而实验证明不管何种光波在强烈照射的情况下都会使得人眼产生疲劳感，并在长时间直射后产生视力下降等问题。比如，我们在夏日中午的室外进行作业时，周围异常强烈的阳光会使得我们的眼睛在长时间观察周围景物后产生明显的疲惫感。再如，当我们夜间使用手机的时候，当周围光线过暗而手机屏幕过亮也会使人眼感到明显的疲劳感。

而近来传出的有关蓝光致盲的信息是2010年8月我国广东的一家做电脑防护镜（膜）的企业首先开始宣传的。文中所述是"计算机辐射"对人眼的危害，并配有像模像样的理论分析和研究。继续往下看就会发现，这些新闻都是为了推销所谓的计算机辐射防护眼镜。而到了2012年，该页面将"计算机辐射"四个字全部替换为"蓝光辐射"，其他内容一字不变地出现在了各大网络平台上。

所以真正有效防止视力下降及损伤的就是保证用眼卫生，用合理安排作息时间、避免长时间光源直射、经常远近转换目光等方式来保护我们的眼睛。

○ VR硬件篇之输入设备

不难想象，带上VR头盔，大家都希望可以跟虚拟世界产生交互，因为虚拟世界就在你的面前呈现，那么真实,似乎触手可及。比如你看到一只小猫，你一定希望摸摸它，听它的叫声，让它也给你反馈，跟它产生更进一步的交互。那么，我们就需要VR输入设备了。常见的VR输入设备有以下几种：

1. 手柄类

根据手柄采用的传感不同，手柄类VR输入设备又可分为以下三个类型。

① 不采用任何传感器的手柄

② 采用6轴传感器的手柄

③ 采用9轴传感器的手柄

手柄类输入设备的典型代表有 Xbox One 手柄、Oculus Touch、HTC Vive 手柄、PS Move、Gear VR Rink，见图 1-5。

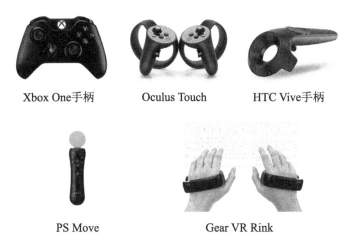

图 1-5　全球市场上的主流手柄

2. 穿戴型

穿戴型 VR 输入设备，顾名思义，即可将数据采集器穿戴在用户身上的 VR 输入设备。此类设备根据数据传输方式的不同，又可分有线穿戴型 VR 输入设备和无线穿戴型 VR 输入设备。比较典型的代表有：

Manus 无线 VR 手套、Power Claw 有线 VR 手套。

3. 基于动作捕捉的 VR 输入设备

此类设备一般都是由一套硬件相互配合组成的系统，即我们常说的追踪系统。目前应用比较广泛的追踪系统大致可分为五种，它们之间有个共同点，是在运动物体的关键部位佩戴跟踪器，由 motion capture（动作捕捉）系统捕捉跟踪器位置，再经过计算机处理后得到三维空间坐标的数据。

追踪系统主要有以下几种。

机械追踪系统：该系统使用的是物理连接来传输数据，最典型的例子是数据手套。

电磁追踪系统：该系统通过测量穿戴在使用者身上的设备所产生的磁场来追踪用户的动作。电磁追踪系统反应迅速，延时短，但缺点是任何能产生磁场的其他设备都可能造成干扰。

声波追踪系统：此系统通过接收用户穿戴的超声波发射器信号来判定和

追踪用户的位置与相关动作。声波系统的一大缺点是声波的传播速度较慢，且会受到环境的相关因素影响（比如温度），从而造成延时相对较长。

光学追踪系统：此系统利用光线来追踪用户的位置和动作。系统中的信号发射器由一套红外 LED 灯组成，而感应器则是一组接收红外光线的摄像头。

惯性导航式追踪系统：此系统通过在运动物体的关键部位设置如集成加速度计、陀螺仪和磁力计等惯性传感器设备来追踪用户的动作。

其他影响VR体验的因素

软件

与硬件相对应的软件也是影响 VR 体验的一大因素，主要可分为：

（1）用户界面。用户界面是最直观的一个层面，是直接与眼睛打交道的部分，就像使用手机一样，一个好看的手机主题能直观地提升用户在使用过程中的舒适度。而对于一个 360°的 VR 操作界面更是如此。想象一下，如果你进入一个房间，那里空荡荡的，只有一些基础的家具，体验感一下就被拉低了。所以，一个好的用户界面也是 VR 体验比较重要的一部分。

（2）易用性。操作系统的易用性会间接地影响 VR 用户的体验。如果用户拿到 VR 设备之后还需要对系统的操作方法花额外的时间去学习，或者系统的操作过程比我们平时使用计算机和手机等数字产品还烦琐，必将让用户对 VR 设备产生不好的印象。

设计

本章已经介绍过，目前消费版 VR 设备一般可分为三类：移动版、PC 版和一体机。无论是哪一类，由于要直接与人体接触，头显佩戴的设计直接影响用户的体验，所以头显的设计是用户体验最重要的因素之一。从用户体验方面出发，头显的设计主要需要考虑如下几个方面。

（1）佩戴舒适度。目前市面上大多 VR 头显在设计时都采用了人体工学设计，很大程度上避免了给用户带来不适感。但由于一体机需要将更多的部件集成到头显里，所以会比其他两类 VR 头显多出一个固定装置，从而提高了设计难度。

（2）密封性。为了让用户有更好的沉浸感，VR头显在设计之初便要考虑到漏光问题，因为佩戴时过多的光线渗入头盔，或者用户甚至能通过缝隙看到真实的环境，那么沉浸感将大打折扣。Oculus Rift 因为是根据欧洲人的脸型设计的（欧洲人鼻子比亚洲人大），曾被索尼 PS VR 的高管吐槽过其漏光。

（3）重量。无论是手机还是笔记本电脑，消费者对于数码产品的轻重量追求一直未停止过。而对于需要一直戴在头上的头显更是如此。移动版和PC版的头显一般都不用过多地考虑重量问题，但一体机由于集成了更多的部件，重量在设计之初便是一个需要着重考虑的问题。有时仅仅是重了那么二三十克，便会严重影响长时间佩戴的舒适感。

（4）适用人群。据2013年世界卫生组织调查表明，全世界近视人口达到14亿，而中国近视人口比例达到惊人的47%。所以对于近视人群脸型的适配将影响非常大一部分用户的体验。目前的 Oculus Rift CV1 就完全未考虑到近视用户的需求，所以近视用户在使用 Oculus Rift 的时候是非常痛苦的一件事。

○ VR广泛的行业应用

2016年VR已经随处可见了，但在2015年年初，VR对很多人来说还是极其陌生的字眼。介绍VR，要解释好半天，还要对方开脑洞才能理解。而到了2016年，很多大城市的学生都见过或者是体验过VR设备。VR对他们来说已经不那么陌生。

起初，大家认为VR主要应用在影视和游戏这两个娱乐方面，但是其实VR的应用不止于此。在很多具体行业，VR能够在经济、体验方面解决非常大的痛点。

VR购物

在2016年"双11"，淘宝隆重推出buy+，开启了VR购物时代。通过使用VR设备，大家可以体验在海外购物的真实场景，突破时间和空间的限制。

而在同年"双11"之前的愚人节视频,"VR购物者"这一概念已经吸引了很多人的眼球了。

VR旅游

随着人们生活水平的提高,旅游的人和在旅游方面的投入都越来越多。在去实际的旅游地点之前,通过VR的方式来体验各地景点,不仅有身临其境的感觉,还可以帮助消费者激发灵感,完成决策。虚拟现实技术能帮助行业降低获客成本、提升客转率,VR全面融合旅游产业是消费需求升级推动的必然结果,未来3～5年或将成为行业标配。

VR房产

房地产相对民用行业来说,是应用VR技术比较早的行业之一。而房地产商之所以这么早地将高成本的VR技术进行实际应用,是因为VR技术能解决房地产面临的许多痛点问题。一套VR设备或一套VR设备加上一个办公室大小的空间(空间定位型),用户便可以足不出户地浏览虚拟样板间,省去亲自看房的麻烦,甚至能异地看房。

VR房产的优势。

1. 真实的体验感

VR技术能将用户的存在感模拟到虚拟的样板房中去,用户能像在真实环境中一样去360°查看房子。

2. 直观的看房体验

对于传统的效果图,一方面,用户无法直观地看出房间结构在实际中的效果;另一方面,也容易被人为地进行修饰。通过虚拟现实设备,无论是在预售期还是在装修期的房子,都能看到最终完成后的效果。

3. 便捷的看房体验

想象一下,用户不用出门,便可在家里通过虚拟现实设备看房,或者在房产销售中心便可查看所有房源。于用户而言,省时方便;于销售商而言,能最大限度地挖掘潜在用户。VR在房产业的应用比较早,但受限于VR行业处于发展初期,并未大面积铺开。

2015年12月,乌鲁木齐绿地城将VR看房加入营销活动中,不仅避免了以往从拿地到蓄客的长空窗期,且解决了西北冻土期、暴风雨雪等恶劣天气原因造成的施工延误对营销的影响。VR 设备完美还原了绿地城所有的配套设施，项目得以提前销售。

同年 12 月，位于北京西红门附近的华远西红世项目打造了北京首个 VR2.0 样板间，引入真实光照、精装定制等功能，实现了开盘当天销售率（主要指某一特定时期内某产品的销售量占总量的百分比）80% 的优秀业绩。

2016 年 4 月，房地产 VR 平台无忧我房赴硅谷参加 GTC 全球技术大会，推出 VR 样板间 3.0。

同年，三盛宏业旗下的舟山三盛箐华里项目推出了 VR 虚拟样板房，客户可以通过 VR 头盔，实现在不同风格的样板间自由切换，让购房者体验各个房间的空间布局，以及装修的每个细节。

VR 教育

早在 2016 年 2 月，权威机构高盛集团发布了《VR/AR：下一个通用计算平台》的详细报告，在其列举的最有可能率先实现 VR/AR 应用的九大领域中，便包含了教育，反映了 VR/AR 在教育领域的巨大潜力。

首先入局的是谷歌。2015 年 9 月，谷歌便开启了 Expeditions Pioneer 项目，利用其廉价的"纸板盒"将 VR 带进学校课堂，方便老师和学生用尽可能低的成本进行 VR 教学。2016 年 6 月底，谷歌宣布其 Expeditions 教育应用将会免费开放。

2016 年 4 月，日本一所高中与三星合作，使用 Gear VR 举办了一场虚拟现实开学典礼，73 名新生通过佩戴 Gear VR 眼镜来观看校长讲话的实时场景。

2016 年 10 月初的 Oculus 开发者大会上，Facebook CEO 马克·扎克伯格承诺 Oculus Store 将专门开辟教育专区，并投入 1 000 万美元的基金发展 VR 教育内容。

部分国外高校也开始使用 VR 技术，比如美国佐治亚州的 Savannah 艺术设计院校成为第一个人规模使用 VR 技术的高校，录制好校园介绍并寄给已被录取但尚未入学的学生；美国加州圣何塞的科格斯韦尔大学（The Cogswell College）已经正式开办 VR 和 AR 专业，该学校也成为全球首家创办 VR 和 AR 行业人才认证的高校。

○ VR教育&培训在国内的应用

2015年12月,乐视教育宣布切入VR领域,与新东方合作开发教育内容。

2016年3月,百度教育宣布将于2017年试水虚拟现实,并将在贫困山区构建虚拟现实教室。

据媒体综合报道,清华大学、北京航空航天大学、上海交通大学等高等学府已在校内建立了虚拟现实技术实验室,主要从事VR的科学研究和技术开发。

Oculus的主要竞争对手HTC也对教育市场有着明确的布局。HTC董事长王雪红等人共同创办的威爱教育(Vivedu),是中国唯一一家HTC官方认证的VR/AR培训机构。

总的来说,国内大公司在VR教育这方面都只是有相关的布局。而在学校方面,也仅限于高校的研究性和探索性教学,而对于普通大、中、小学的普及还处于初级阶段。

○ VR在培训行业的应用前景被非常看好

VR培训能够让培训者将大量(或复杂)的信息以一种引人入胜的可视化方式呈现给学员,这样能让学员更好地记住培训知识。再者,VR培训能同时让不同地方的大量学员远程接受培训,既省时又节约成本。总的来说,VR培训的优势可以概括如下:

1. 在可控环境中模拟危险场景,最大化降低风险;
2. 能够精确地模拟真实场景;
3. 用高度可视化的学习方法来辅助记忆;
4. 可将复杂的数据进行可分析的解构;
5. 将复杂概念和理论可视化;
6. 从虚拟场景中学到的经验同样可用于实际场景;
7. 具有互动性;
8. 培训过程能加入适当的乐趣,使得培训不再枯燥;
9. 能同时培训不同地域的大量学员;

10. 节约成本。

○ VR培训：在实际行业中的应用

VR 培训甚至比直接应用在基础教育上更加被人看好。大家都认为 VR 可以在行业培训方面解决非常大的"痛点"。

建筑业：由于建筑业的危险性，建筑工人，尤其是器械操作者，为了确保施工安全，需要进行大量的培训。美国一家在线 VR 培训网站就利用 VR 技术，为叉式升降装卸车工人提供模拟培训服务，大大降低了安全风险。

采矿业：这同样是一个危险的行业，每年事故频发。英国一家叫作 QinetiQ Group plc 的公司开发了一套 VR 培训解决方案，既能降低培训成本，又能提升培训效率。

体育行业：美国国家橄榄球联盟（NFL）引进 VR 技术，对球员进行技术训练。与以往球员接受的口头或书面训练不同，VR 培训将球员置于 360°模拟赛场，球员能对自己在一些细节上的技术进行加强训练，也能在自己没有训练设备时继续训练。

军事业：2015 年，英国政府宣布将采用 Oculus Rift 来训练战场医疗培训。

政府：美国亚利桑那州的比马县利用 VR 训练警察应对各种场景，包括面对持枪、持刀嫌犯等，警察的不同应对方式会导致不同的结果，VR 培训能让警察充分了解到不同场景的最佳应对方式。

航空业：美国国家航空航天局（NASA）已经使用 VR 培训多年。最近的一项用法便是采用 VR 来培训宇航员在长期任务中保持心理健康和改善生活质量。

银行：澳大利亚联邦银行利用虚拟现实作为招聘工具。在银行的虚拟创新实验室，参与者见到了他们的"同事"，这些同事向他们解释银行渴望创建一个应用程序处理发票。这个虚拟世界的目标是通过把他们置于银行员工的真实工作环境中，从而将有潜力的员工引进到银行的文化之中。

除此之外，VR 还可以结合其他的细分领域，我就不一一列举了。可以想象，VR 在很多方面真的可以给我们的生活带来极大的便利，节约巨大的成本，甚至是带来颠覆性的改变。

第二节 "抱团取暖"的时代

在 2015 年年初,我最常听到的词儿,应该就是"抱团取暖"了。不难想象,在行业本身还没有被大众广泛认识和接受之前,行业内的所有人都需要团结在一起,让更多的人来了解 VR,使用 VR,积累用户,培养用户习惯。

因此,VR 企业(绝大部分都是创业团队)应该找到更多的合作者和资本方,通过整合资源,建立各种商务合作,来共同提升自己的核心竞争力。

设想一下,VR 这个概念初次进入消费者的认知时,大家会抱着好奇的态度,争相拿来体验,而最初的体验大多是 VR 游戏、VR 电影等资源。如果 VR 内容不够多,那么硬件设备买来之后,就会是"吃灰"的结果,很少再会有人问津。同理,如果商场的 VR 体验馆可以提供的内容非常少,大家前几次或许会选择埋单,但是更新的速度若总是跟不上去,那么"回头客"的数量将完全无法保证。所以,做 VR 硬件的公司首先需要共同合作,让更多的消费者认识 VR,了解 VR 的好处;而做 VR 内容的企业应该共同努力提供优质的 VR 内容并保证内容丰富,提高用户的"黏性"。这样,VR 行业才可以真正火爆起来。

○ VR企业互相"抱团取暖"

为了让外界的用户更早地了解和使用 VR 设备,行业内的人进行各种"战略合作"。我在做商务时的主要任务之一就是跟各个相关公司签订《战略合作协议》,而战略合作主要体现在企业之间互相宣传。比如,参加某个展会的展位费用非常高,之后的布展、宣传、材料等各个方面的花销对于 VR 行业的初创公司来说都是比较大的经济压力。比较好的一个做法就是大家一起参加活动,而公司之间可以各自承担一部分的展位费用。或者是一些大型的活动可以去"蹭展位"(如果战略合作伙伴已经预定了展位,就可以免费得到一张桌子或者是一个角落的展示机会)。每一次对外的展示机会,大家都非常珍惜。每个公司都希望可以通过合作伙伴的力量,增加自己公司的产品展示机会和品牌认可程度。

除了争取一起参加各种展会宣传以外,我作为公司的商务总监,还有一个重要的任务:跑会。简单地说,就是参加各种行业内或者相关行业的论坛、发布会、公开演讲等活动。一般在这样的活动上,从事商务或者市场的"小伙伴"们都会在一起互相交流,分享各种合作的机会,拓展人脉。

到了 2015 年年末,很多大公司也开始布局 VR 了。大的电视厂商、手机厂商开始纷纷看好 VR 这个市场,宣布跟很多 VR 企业进行合作。比如乐视宣布跟 3Glasses、蚁视和灵镜等公司合作,共同拓展 VR 市场。联想乐檬手机也宣布跟蚁视 VR 眼镜盒子合作,联想的该款手机支持"VR 眼镜分屏模式",大家可以通过将手机放入 VR 眼镜盒子的方式体验 VR 影视和游戏等资源。就这样,VR 开始慢慢地进入大众的视野。

第三节　适逢风口,开始创业

2016 年 1 月,我代表公司去参加美国的 CES 展会(International Consumer Electronics Show),在该年度的 CES 展会上恐怕很多人最深切的感受就是 VR 和 AR 的火爆程度。美国的 CES 展会是全球规模最大的消费类电子产品展,每年 1 月都会在美国内华达州的拉斯维加斯举行。对很多人来说,CES 不只是一场展会,更是行业内部人群互相交流的绝佳机会。

○ 硬件体验已然够好

在 2016 年 1 月的 CES 上,三大主流的虚拟现实设备索尼 PS VR、HTC Vive、Oculus Rift 纷纷亮相,而我也有幸体验了 Vive 的几个 demo(演示内容)。在展会期间,VR 体验带给我的震撼,已经无法用语言来形容。在此之前,我体验的绝大部分 VR 头显,都会使我有或多或少的眩晕,我戴了几分钟就会迫不及待地摘下来。而就在 2016 年元旦的一个 VR 电竞活动上,好几个外国朋友都告诉我 Vive 的效果一定不会让我有那么强的眩晕感,但我一直都持有半信半疑的态度。直到我体验了 Vive：当鲸鱼从我面前游过时，它的睫毛那么真实地展现在我面前，我想伸手去碰它。无论我怎样移动，都完全没有眩晕的感觉。10 分钟体验下来，我只有意犹未尽的感觉。原来硬件的体验已经可以做到如此完美！

○ "教"还是"育"？

同在 CES 展会期间，我认识了著名的手游《愤怒的小鸟》的创始人 Peter，但在美国的交流时间只有半个小时。回到北京后，我们第二次见面时，我才有机会可以跟他"闲聊"一下。我们聊到了创新，而在创新方面，芬兰人的确做得很好。芬兰全国也不过几百万人，却造就了很多世界知名的公司，除了成功打造《愤怒的小鸟》的公司 Ravio 以外，还有 Linux 以及世界知名的手机生产厂商诺基亚 Nokia。在聊天过程中他还提到，他曾跟马云聊过中国的教育，觉得我们偏向"教"而不是"育"。不得不承认，虽然现在中国的教育在方法和模式上已经有了飞速的进展，但是很多地方的教学确实还偏向于"教"。到底如何培养学生的创新思维？如何让学生不是死记硬背书本的知识？如何改变 test-oriented（应试教育）的模式呢？虽然我知道国内的很多教育者和教育部门都对此进行了探索，但成效并不显著。想到这里，我的脑子里萌生了下面"一系列"想法：为什么一定是用 VR 进行娱乐呢？为什么不应用在教育上？为什么不让学生对学习上瘾？我是否可以通过 VR 这个手段来提高教育的乐趣和效率？

○ 两条"平行线"的相交点

Why me（为什么是我）？因为我断断续续地当了十多年的老师。在 VR 这个行业里，我应该是比较少的有多年一线教学经验的人；而在教育行业里，很少有老师愿意放弃稳定的工作跑出来创业，更不用说是一个这么陌生的 VR 行业（除了那些本来就搞光学等专业性非常强的教师、教授也许会选择创业）。在很多人眼里，我这种英语老师进入 VR 行业创业就是"奇葩"了。

记得自从 2004 年 7 月高中毕业开始，我就自己在家开了个英语补习班。

当时都是"招生"到我家来上课,学生年龄涵盖小学到高中。而我本科的专业选择的就是英语教育,似乎那个时候也觉得自己天生就是个老师,从而毅然地选择了这个专业。当时因为家境的关系我利用课余时间勤工俭学,我做过家教、小班教师,帮大学老师代过写作课、精读课。读研究生的时候,我就在给本科生讲大学英语精读课程。这一路走来,我打心底里深深地爱上了教师这个职业,我喜欢主宰课堂的感觉。很多人都很纳闷,有了这么多年教育经历,又这么热爱教师这份工作,为什么我还要选择换一个行业?回答只有一个:我骨子里就流着创业的血。

教师本身是一个特别稳定的行业,每年有寒假、暑假。学生见到老师都会说的那声"老师好",让我有特别强的"受到尊重和敬爱"的感觉。做老师,上班相对要比其他行业早,但是下班也会早一些(班主任除外)。所以,很多人在择偶的时候,都觉得教师是一个不错的选择:不仅可以照顾家庭,还可以教育孩子。可是,我这个"不安分"的白羊女却偏偏喜欢挑战。

作为一个英语专业科班出身的人,总被人认定是"没有专业",尤其是刚在北京硕士毕业找工作的时候,好多人都认为英语专业的毕业生并没有专业。因为在北上广这样的城市,绝大部分人在听、说、读、写方面的英语基本沟通没有问题。英语专业的人也就是某些英语方面比普通人好一些,理论知识多一点,可是跟好多留学回来的学生或者是出生在美国的华人(American Born Chinese,ABC)或者出生在英国的华人(British Born Chinese,BBC)比起来,发音等很多方面还是有一段距离的。所以,我在北京读硕士期间,做兼职、实习老师的同时,还做了将近三年的英语口译和笔译。我除了为了勤工俭学增加工作经验,也"不落俗套"地为了将来找工作(万一应聘不上大学老师)选定一个自己喜欢的行业,为自己将来的事业多做一些准备。虽然我在读本科的时候辅修了法学专业,但是学到的知识不过是皮毛。但是,在我看来英语当然是一个专业,尤其是英语教育。语言的意义不是工具,只是现在太多人有这样一种误解。英语学习给我带来的乐趣远远不是这些误解可以影响的。

2015年,由于一些原因,我辞去一所国际学校的高中英语教师一职,来到VR行业的一个初创团队做英语编辑。对于大部分人来说,教师稳定的工作日程和内容,相较于初创团队的天天加班拼搏和前程的"未知",这个落差是非常大的。这两种工作模式就好像两条永远都不会相交的"平行线"，很难有交集，更不用说从一条轨道步入另一条轨道了。恰恰因为一个关键词"英语"，我人生的两条事业线相交了，而我，毫不犹豫地选择了步入后者的轨道。

○ 一切源于"黑镜"

在接受那个初创团队的 offer（入职通知）的前一天，我还有几分犹豫。那天晚上，一个"未来同事"加了我的微信，让我给新的产品取一个英文名字。因为对产品没有什么了解，单纯看到了公司官网的介绍，我还是没有什么灵感。他推荐了一部英剧《Black Mirror》（黑镜）让我看看，而且跟我说，入职之前看看这个，我会更有动力，会更喜欢这份工作。于是我在网上搜到了《Black Mirror》的第二季，当晚虽然只看了第一集，却没想到"未来同事"的"预言"应验了。

那个故事大概讲的是，女主角玛莎的男友艾什在一次交通事故中去世后，她非常痛苦。在朋友的推荐下，她通过网上的大数据信息塑造了一个假艾什，从而帮助她减轻痛苦，让艾什"真正"地回到她的身边。假艾什不仅长得跟她男友一模一样，就连说话、行为、生活习惯也完全相同，让人真假难辨，因此女主角沉浸在"虚拟"的世界里无法自拔。我感慨科技可以如此进步。不难想象，其实科技可以发展到电视剧里面演的那个程度，甚至会超越想象出来的技术。当然，这个话题又牵扯到伦理学了：是否应该让这样一个"虚拟"的人回到现实中来。

无论如何，这样的科技，还真的很吸引我。虽然我不知道距离实现类似电视剧里的科技还需要多久的时间，但是毕竟科技发展的速度经常超越我们想象的速度。就好像 10 年前，很多人都完全想象不到手机可以是这样触摸的，还可以通过结合 VR 眼镜来体验如此真实、如此令人沉醉的虚拟内容。如果可以从事这样的行业，那该有多么大的乐趣！就这样，我带着白羊座先天的热情就投身了一家科技公司。

从此以后，我在工作中开始接触 VR，了解 VR 并爱上 VR。而跟《愤怒的小鸟》的创始人聊到关于教育这个话题的时候，我们也聊到了把 VR 应用在游戏开发上。我当时接触的从事VR内容研发的公司大部分都是在做VR游戏方面的开发。可是，为什么不把这么好的科技用在教育方面呢？我的理论其实很简单，这也是由于我骨子里还觉得自己是一个老师。我希望的是学生不要花大量的时间在玩游戏上面，如果是VR方面的游戏，沉浸感更强，恐怕上瘾的就更多，这样岂不是耽误了学习？如果可以利用VR，让学生一边玩一边学，那该多好？而这件事，我觉得自己可以做。

○ 适逢VR风口，开始创业

2016年年初，大家都在谈论"VR元年已然来临"这样的话题，似乎很多行业都恨不得跟VR沾边。而我正身处VR这个风口，在有体验过足够好的VR硬件、有多年一线教师的积累、有VR方面的资源、对VR这个大行业的了解和相关知识的积淀下，我觉得是时候将VR跟教育结合，做一件寓教于乐、有益于学生的事情了，我就这么踏上了我的创业之路。

大家都说，天使投资主要是看创始团队，而我，因为这么长时间的积累，很快就找到了两个合伙人，我们对这件事情充满热情、期待和信心。在羊年春节，绝大部分人吃团圆饭、走亲戚的时候，我们三个人——一个CEO、一个COO、一个CTO，开始在微信群里讨论并制作BP（商业计划书），两天的时间就做出了一份初稿。为了节省时间，我们在群里面就E、T、O地呼叫彼此，这就是公司名称ETTO的由来了。我们把ETTO的中文名字叫作"爱徒"：一方面，我们是做教育的，老师都应该爱自己的徒弟，也就是自己的学生；另一方面，当学生带上VR头显来体验我们制作的内容的时候，每一个学生都是我们的"爱徒"。我们觉得这个名字对我们来说是最完美的。更有幸的是，它还没有被工商注册过！就这样，"爱徒"就从一个突如其来的想法，发展成一份BP，又发展成一个demo，而后成为一家正式运营的公司。

创业的路上充满了酸甜苦辣，让人感到五味杂陈。如果说我选择在风口创业，创始团队又顺利地被投资人迅速认可，那么随后遇到的VR行业的寒冬则让我觉得猝不及防。而这中间相隔的，不过是短短几个月的时间而已。

第四节　VR 遭遇"瓶颈"：重新洗牌，行业应用视为突破口

提到"资本寒冬"，相信许多人都不陌生。这个说法从 2015 年下半年就开始在创业投资圈中流传；到 2016 年，融钱已经变得非常困难。

而要说 2016 年什么最火，VR 当之无愧。2016 年也被行业内人士称为 VR 产业的元年，国内许多大厂商纷纷涉足 VR 领域。而更多的创业公司也瞄准了 VR 市场，想以先行者的身份趁早在 VR 市场这个未来的大蛋糕上切下一块。根据《互联网＋影视产业研究专题报告》，从 2015 年年初至今，VR 产业的企业数量从 200 多家爆发到 1 600 多家。据清科私募通数据显示，近一年来，国内涉及 VR 产业的投资不少于 145 起案例，涉及金额 44.34 亿元。对于 VR 市场的前景，大家一致看好。

而事实是，经过 2016 年上半年的热炒后，到了下半年，VR 行业开始呈现冰火两重天的现象，即我们所说的"资本寒冬"。而 VR 行业所呈现的火爆现象，从很大程度上来说是由于资本的助推。然而，随着资本泡沫的破灭，资本陷入观望，越来越多的 VR 公司将陷入断供直至转型、被收购甚至倒闭的现状中。锤子科技孵化了两年之久的 VR 项目被曝已经分拆，暴风魔镜也传出裁员过半的消息。在深圳华强北电子市场，上半年销售火爆的 VR 眼镜也遭遇了市场寒流。据《第一财经日报》报道，自 2015 年以来创办的 VR 创业公司中有 90% 已经倒闭。

造成这个"资本寒冬"的主要原因之一是目前的国内 VR 市场基本上是资本与 IT 公司在玩，而内容公司缺位了。但是经过"寒冬"的洗礼后，存活下来的：首先是那些技术过硬的 VR 硬件厂商；其次是资金雄厚的大公司；最后就是制作优质 VR 内容的公司了。由于 VR 内容厂商目前本来就稀缺，能在这次"寒冬"中存活下来的 VR 内容制作商就尤其显得凤毛麟角。

从事 VR 行业的人都知道，这个行业是很"烧钱"的。VR 硬件和内容面临很多问题和挑战，大大地影响了整个行业的发展。比如下面几个主要问题：

1. 面向消费者变现速度慢

VR 对于很多老百姓来说还停留在基本认知或"零认知"层面。大部分

人对VR的认知还停留在商场里20多元到30多元单次体验的"蛋椅"云霄飞车或者9D影院的VR。很少有人会直接自己买一台"蛋椅"摆在家里，再配上VR头显，购买VR游戏。如果真的这么做了，恐怕就是骨灰级发烧友了。至少在我的朋友圈里，除了VR的从业公司会采购这些硬件，还没有消费者自己采购的。而采购的硬件中，大部分的VR设备不过是几十元到几百元的VR眼镜。VR眼镜早期上市时，价格将近200元，如暴风魔镜。到了2016年第四季，很多深圳厂商已将价格降至10元以内。这个价格，利润空间实在有限。VR一体机的利润相对高一些，但是相比这个行业本身的投入来说，这些利润恐怕是太少了。

2. 从业人员普遍薪水偏高

鉴于我不是专业的VR硬件的研发人员，而我公司也不生产硬件，在此仅从VR内容行业的从业人员的薪水进行分析。VR行业主要需要这几方面的员工：3D建模师、3D动画师、3D特效师、程序开发人员。这些人员很多都是从2015年倒闭的游戏行业中出来的。一个优秀的程序工程师的薪水从几千元到几万元。3D美术师的薪水在行业内也是类似的情况。2017年年初，我公司面试的一个仅仅有全职半年多工作经验的3D美术师的薪水最低要求是8 000元。对于刚刚毕业的学生来讲，在一线城市工作的其他毕业生很难达到这种工资水平。跟几个同行CEO朋友交流的时候，他们共同的表达是8 000元的月薪并不算高。从虚拟现实的内容制作来说，绝大多数的模型都是3D制作的。而一个3D美术师，光是建模就需要花费几天的工时，有的复杂模型花费的时间恐怕更多。可是一个场景内，需要多个模型，这就要求公司要养活多个3D美术师。不仅仅是模型还不够，还需要3D场景，模型也要有动画，这样才够吸引人。3D动画师针对一个模型的动画制作的时间也要根据动画的复杂度而花费几天甚至几周的时间。我们在体验一个游戏时所看到的人物、动物的动画越逼真，越炫酷，对美术师的要求越高，而美术师为此付出的时间也越多。一个精心制作的VR内容，不仅需要上面提到的这些专业人员，还需要策划、程序工程师等专业人员介入内容的制作过程中。所以内容制作团队需要承担的制作成本非常高。

图1-6是拉勾网2016年7月统计的VR/AR行业与全行业的薪资（月薪）对比。

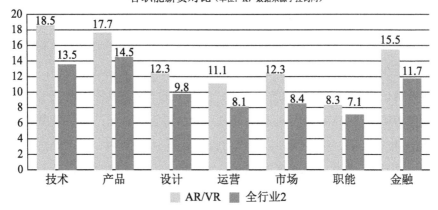

图1-6 VR/AR行业与全行业的薪资对比

3. VR内容种类少，更新速度慢

由于VR内容的制作成本偏高，耗时长，所以内容的更新速度慢。在消费者购买硬件数量有限的情况下，采购VR内容的人就更是少之又少。这样一来，很多购买VR设备的消费者，由于内容更新的速度慢，就"抛弃"自己的VR设备，让它"吃灰"了。

4. 硬件体验效果良莠不齐

市面上体验效果好的PC端VR头显设备普遍要5000元以上，而VR一体机的价格也在千元级别。所谓"一分钱一分货"，价格高的、基于PC端的VR设备自然效果好，不过即便是这些价位较高的VR设备，也有一些体验者反馈有眩晕感，而便宜的VR眼镜盒子更是被很多人吐槽"效果不如看3D视频"。

VR面对的问题当然不止这么多，现在大家都理解这样一个道理：只有足够好的硬件、丰富的内容，才能给消费者更好的体验，进而有更多人愿意为VR埋单。只有这个行业实现快速变现，才能真正爆发起来。

○ VR行业预冷：重新洗牌

然而，VR并不像行业内的人所期盼的那样，在变现速度过慢的情况下，很多资本不再投资VR，很多公司都无法在行业的"冷冬"存活下去。

2016年10月8日,央视批判山寨VR。我在前面第一点中提到的,眼镜盒子的价格大大降低的原因主要是大批山寨VR眼镜盒子涌入市场。而这些低劣的眼镜盒子影响了用户对VR的认知和体验,进而影响了VR行业的发展。用户使用后感到眩晕、恶心,对VR的体验大打折扣。一旦消费者对VR失去信心,那么行业很难有大的进展。

同在2016年10月,VR圈铺天盖地的新闻都是暴风魔镜裁员的消息。而暴风魔镜在10月20日官方微博回应表示:该公司的确在进行内部裁员,不过是公司正常业务调整。暴风魔镜只是一个公司,同期我所了解到的很多VR行业的公司都在裁员,甚至有的公司面临破产。"VR产业刚起步就跌入寒冬"这种说法在行业内盛传,而"活下去"成为很多VR创业公司的首要任务。

○ 行业产值远不如预期

据Yivian(VR行业垂直媒体)报道称,数据分析公司SuperData曾在2016年1月预测2016年VR市场全年总产量将达51亿美元,接着3月把预测值调低为36亿美元,然后又在4月把预测值调低为29亿美元,12月该公司的报告则为27亿美元。具体数据请见图1-7 SuperData2016年VR市场总产值预测图。

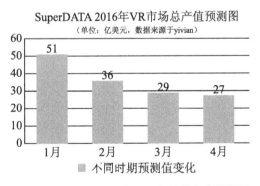

图1-7 SuperData2016年VR市场总产值预测图

从这些数字可以看出全球VR市场行业产值远远不如预期,从年初的51亿美元到年末的27亿美元,产值少了近一半。VR设备销量大大低于市场预期已经是不可改变的事实。

硬件设备的"日子不好过",做内容的厂商更是捉襟见肘。很多我认识的做内容提供商(content provider,CP)的 CEO 跟我表达过各种窘况。有一个朋友跟我说,公司发不出工资的时候,看员工就跟仇人一样;还有一个朋友告诉我,如果可以的话,他自己都不想上"五险一金"了。哪怕是按照北京市最低的薪水标准,即便是一个 5 人左右的团队,社保和公积金就要交万元左右。大的公司"烧钱"的速度更快,小的公司虽然钱少,但是人力等各个方面开支也少。无论如何,创业的热血还是敌不过寒冬的凄凉。

然而,包括我在内的很多行业人士认为,这样反而是一件好事。很多人都因为头脑热,或者是认可 VR 这个大的方向,拿到一些钱就开始做 VR,但是信心不够坚定,对这个行业不够了解,不够热爱。那么在缺乏资金的情况之下,很难能够真正地坚持下去。因此,能够"存活"下来的团队,要么之前就有先见之明,提早融资,而且很会节省,要么就是真正有实力的团队,要么就是真正热爱 VR 这个事业。而我们公司,作为一个 VR 教育内容的初创制作团队,面临同样的挑战,但是我们的决定是:无论外界如何,就是先把内容做好,做出自己的特色,保持原创。

事实证明,只有经得起考验的公司,才能在寒冬中立足;而寒冬过后,才可以在之后的春天绽放。

第二章
庞大的教育市场需要创新

教育，许慎在《说文解字》中解释为："教，上所施，下所效也"；"育，养子使作善也"。教育翻译成英文是 education，《牛津词典》对于 education 的解释是："The process of receiving or giving systematic instruction, especially at a school or university."中文的意思是：接受或给予系统教学的过程，尤其是在中小学或者是大学里。

○ 教学的定义与教学方法

美国教育学者史密斯在《教育的定义》一文中把英语国家对教学定义的讨论做了归类整理，提出了五种定义的方式。

描述式定义：教学是传授知识或记忆，这是传统意义上的教学。

成功式定义：教学是成功，它表明教必须包含学这样一种思想，而且表明教学的核心背景是"教必须保证学"，即教学可以定义为 X 学习 Y 所教的内容的一种活动。教与学相互交织，密不可分。

意向式定义：教学是一种有意识的意象性活动，目的在于诱导学生学习。教师可能教得并不成功，但他会争取成功。这个定义肯定了研究者研究教师的思想和方法。教师的行为表现是受自己的意向所左右的，而自己的意向是以教师自身的信念体系和思维方式为基础的。

规范式定义：教学是一种规范性的行为活动方式。它表明，"教学"是个表示归属的词，代表着一组活动，这一组活动或行为方式要符合特定的道德条件，即"善意"的行为。如讲授、训练、引导等是教学，而宣传、威胁、恐吓等则不是教学。

科学式定义：这是由得到经验证实的教学效果与有关的教师行为之间的

关系来表示的。这种形式的定义被赖辛巴赫（Reichenbach）称为"由若干命题配合而成的定义"，其公式是a=af（b，c，…）。其中，a指"教学有成效"这个命题，（b，c，…）表示各种命题组合，如"教师发出反馈信息""教师说明定义规范并举出正反两方面实例"等，a=df表示"和（b，c，…）之间的变化关系。这是严格意义上的科学概念和命题对于教学概念和命题渗透的典型表现。

当然，教育不仅仅局限在课堂教学，只是大家习惯性地把教育跟课堂教学联系到一起。提到课堂教学，相信大部分人脑中浮现的画面，是一个老师在教室前面，拿着粉笔，在黑板前讲课。但是，课堂教学方法远远不只是讲授法这么一种，还有很多其他的教学方法。

○ 常见的教学方法

北京师范大学出版社的《教育学》教材中介绍了几种常见的教学方法。

（1）讲授法：是指教师通过语言（主要是口头语言）系统而连贯地向学生传授知识、培养学生能力的教学方法。

（2）讨论法：是指在教师指导下，由全班学生或小组成员围绕某一中心问题进行群体性讨论，发表看法，借以交流信息、相互启发、相互学习、发展智能的一种教学方法。

（3）谈话法：也叫问答法，是指教师根据学生已有的知识、经验提问，并引导学生独立思考，从而获得新知识的一种师生相互交谈的教学方法。

（4）演示法：是指在教学中展示实物、模型、图片等直观教具，或进行示范性实验，或采用现代化视听手段（如幻灯、录音、录像、教学电影等）指导学生获得感性认识，并为理性认识打下基础的一种教学方法。

（5）参观法：是指教师根据教学目的和要求，组织学生进行实地考察、研究，使学生获取新知识、巩固旧知识的一种教学方法。

（6）暗示教学法：是教师运用心理学、生理学等手段，综合多种方式，巧妙地利用无意识的心理互动，提高学生的学习兴趣和自信心，从而充分发挥学生的学习潜力，提高效率的一种教学方法。

（7）目标教学法：一种以教学目标为核心和主线实施课堂教学的方法。

（8）情境教学法：使指教师根据教材特点和教学内容的要求，创设一个有关的情境，使学生如身临其境，如见其人，如闻其声，以激发学生的学习兴趣和积极性，使学生灵活地掌握知识，发展创造力。

（9）基础教育课程改革背景下的课堂教学方法：主要包括：①主体参与型教学法；②合作学习型教学法；③研究学习型教学法。

在课堂上，可能绝大部分教师最常用的方法是讲授法。其实，教师可以选取一种或多种教学方法结合的方式进行课堂教学，而不是一成不变。我在VR课堂教学实践的过程中，与大家详细地探讨了如何将VR与各种教学方法、教学理论以及创新的教学模式相结合。我认为，VR教育的内容设计者必须要懂得所有的教学理论与教学方法，了解各个理论之间的联系，才能更好地开发出适合课堂教学及学生学习的课程内容。下面是针对教学理论和教学模式的探讨。

第一节 百家争鸣的教学理论，新型教学模式层出不穷

长江教育研究院院长周洪宇在《中国教育黄皮书——长江教育研究院2015年度教育报告》一书中提到，人类正进入教育革命的大时代。迄今为止，人类历史上经历了三次教育革命：

第一次教育革命：从原始的个别教育走向个别化的农耕教育；

第二次教育革命：从个别化的农耕教育走向班级授课式的规范化教育；

第三次教育革命：从规模化教育走向生态化、分散化、网络化、生命化的个性化教育。

未来，数字化学校、数字化教师、网络课堂、远程学习、在线教育、云教育、云计算大数据等虚拟化、扁平化的交互式学习平台，学习游戏化、因材施教，翻转课堂，远程视频教学等将成为学习的新途径。"

每一次的教学革命，都是为了促进教学的效果，相应地，也产生了很多不同的教学理论。

教学理论

从古至今，国内国外在教学理论方面的探索从未停止过。在这里，我将引用《当代主要教学理论流派》一书中的一个表格来对国内外不同时期的教学理论和代表进行详细的对比和说明。在这里我将表格分别以"国内"和"国外"为主题分成了两个表格，供大家进行对比阅读。具体请见表2-1 中国主要教学理论流派和表2-2 外国主要教学理论流派。

表2-1 当代主要教学理论流派

中国：古代教学理论		近代教学理论	当代教学理论
先秦时期的古代繁荣	孔子、孟子以道德伦理为本的教学思想体系；墨子兼容技能的教学内容和思想；《学记》的教学内容、方法、制度等思想	由于社会的急剧动荡和变革，西方文化的传入，新式学校的兴起，以西方教学思想和理论的引进为主要特点。同时清末民初出现了梁启超的改良主义教学思想；蔡元培的"完全人格与个性发展"教学思想；陈鹤琴的"活教育"教学论和陶行知的"教学做合一"的教学理论	四个阶段：①学习引进（1949—1958），全面学习苏联，主要以凯洛夫《教育学》中教学论部分，以及杜贺夫内伊的《教学法原理》（1952）为主；②独立探索（1958—1966），刘佛年主持编写的《教育学》（讨论稿）中的教学论部分，体现了教学理论的中国化；③受挫停滞（1966—1976），摒弃传统，拒绝和批判引进，教学理论一片荒芜；④发展繁荣（1976年至今），整理和继承我国历史上的教学论遗产，大量译介国外教学论著作，广泛开展教学理论的研究，新的观点、教学模式和教学方法不断涌现，如李吉林的情境教学理论，鲁仲衡的"自学—辅导"教学理论，邱学华的"尝试—成功"教学理论，裴娣娜的主体教学理论，叶澜的"新基础教育论"等
西汉到清末的僵化停滞	董仲舒的尊孔崇儒教学思想；朱熹的教学思想等		

表 2-2 外国主要教学理论流派

外国：（以西方为主体）	萌芽与曲折	独立与系统	发展与繁荣	
古希腊智者学派	普洛塔哥拉（Protagoras，前481—约前411）的"重视'练习'的见解"；苏格拉底的"产婆术"教学法；柏拉图的重视思想训练的教学思想；亚里士多德的和谐发展教学思想	拉特克的"技术性"教学论（didactics）；夸美纽斯的"百科全书式"和唯实论教学思想；卢梭的浪漫的自然教育观和发现教学论；裴斯泰洛奇的自我发展和直观原理；赫尔巴特、威勒、赖因的"教育性教学"与"形式阶段"教学论等	杜威的解决问题的"五步教学"理论；克伯屈的"设计教学法"等	
古希腊智者学派			苏联的独立体系教学论发展	凯洛夫的教学论；达尼洛夫、斯卡特金的教学过程积极化学说；赞科夫的发展性教学理论；巴班斯基的教学过程最优化理论；沙塔洛夫的纲要信号教学论；阿莫纳什维利等的合作教学理论
古罗马的总结	昆体良的雄辩术教学思想			
中世纪后期的苏醒	维多里诺（Vittorino，1378—1466）的快乐活泼、个性发展思想；伊拉斯谟（Erasmus，1467—1536）的艰辛与兴趣伴随思想		斯金纳的程序教学理论（新行为主义教学理论的代表）；布鲁纳的认知结构教学理论（认知主义教学理论的代表）；布卢姆的掌握学习教学理论（目标教学理论的代表）；皮亚杰等的建构主义教学理论（结构主义教学理论的代表）；罗杰斯的非指导性教学理论（情感教学理论的代表）	

当代的教学理论主要有以下几种。

1. 哲学取向的教学理论

哲学取向的教学理论源于苏格拉底和柏拉图的"知识即道德"的传统。这种理论认为，教学的目的是形成人的道德，而道德又是通过知识积累自然形成的。为了实现道德目的，知识就成为教学的一切，依次便演绎出一种偏于知识授受为逻辑起点、从目的和手段进行展开的教学理论体系。

2. 行为主义教学理论

把"刺激—反应"作为行为的基本单位，学习即"刺激—反应"之间联结的加强，教学的艺术在于如何使之强化。

3. 认知教学理论

认知心理学家批判行为主义是在研究"空洞的有机体"，在个体与环境的相互作用上，认为是个体作用于环境，而不是环境引起人的行为，环境只是提供潜在的刺激。至于这些刺激是否受到注意或被加工，取决于学习者内部的心理结构。

4. 情感教学理论

人本主义心理学家认为，真正的学习涉及整个人，而不仅仅是为学习者提供学习内容。真正的学习经验能够使学习者发现自己独特的品质，发现自己作为一个人的特征。教学的本质是促进，即促进学生成为一个完善的人。

5. 建构主义教学理论

建构主义是一种在哲学、心理学和人类学理论基础上发展起来的关于知识和学习的理论，它关注的是知识是什么，以及一个人如何获得知识的问题。建构主义认为，学习是在社会文化背景下，通过人与人之间的协作活动而实现的意义建构过程。其核心观点是知识是建构的，而不是传授的。在本书第八章第二节的例子中也提到了建构主义的理论。

根据这些教学理论，可以将 VR 运用到教学当中，有效地提高教师的课堂教学效率。

教学模式

教学模式是指在一定教学思想或教学理论指导下建立起来的较为稳定的教学活动结构框架和教学活动程序。关于模式，英文说法是 Model，意思是"模型""典型"。美国学者乔伊斯和韦尔将教学模式分成以下四类。

1. 信息加工教学模式

2. 人格（人性）发展教学模式

3. 社会交往教学模式

4. 行为修正教学模式

在古代，教学模式大多是教师灌输知识，学生接受知识。而在现代，众多的新型教学模式让课堂变得丰富有趣。学生从被动地接受知识变成主动地探索知识，而 VR 课程可以作为新型的教学模式进入课堂环节。下面，我来介绍一下都有哪些新型教学模式。

各种新型教学模式

华南师范大学教育信息技术学院的胡小勇教授等在《信息化教学模式与方法创新，趋势与方向》一文中就选取了九类新型的教学模式，进行详细的讲解和分析。

（1）"三通两平台"教学应用

三通：宽带网络校校通，优质资源班班通，网络学习空间人人通。

两平台：教育资源公共服务平台；教育管理公共服务平台。

这种教学模式为教学和教研互动、学生和家长互动提供了良好的支持；汇聚优质资源；让教师能够通过这种方式提高自身教学能力；提升偏远地区学校信息化水平，实现与发达地区学校的互通与合作。

（2）名师与优课

通过名师与优课的方式在全国开展优质资源的建设，目的是加强优质资源的共享和应用。

（3）微课（Micro Learning Resource）

按照认知规律，运用信息技术呈现碎片化学习内容、过程及扩展素材的结构化数字资源。与传统资源相比，微课具有主题突出、指向明确、资源多样、情景真实、短小精悍、使用方便、半结构化、易于扩充等特点。

（4）翻转课堂

用英文来说，翻转课堂即 Flipped Classroom 或 Inverted Classroom。翻转课堂是指通过对知识传授和内化的颠倒安排，改变传统教学中的师生角色，并对课堂时间的使用进行重新规划，由此实现对传统教学模式的革新。早在2000年，美国迈阿密大学教师莫琳·拉赫（Maureen Lage）、格伦·普拉特（Glenn Platt）等在论文《翻转课堂：创造包容性学习的门户》中介绍了他们在迈阿密大学教授经济学入门时采用"翻转课堂"的模式，以及取得的成绩。2000年，J.卫斯理·贝克在第11届大学教学国际会议上发表了论文《翻转课堂·利用网络课程管理工具，使之成为身边的导师》。

翻转课堂一般由三个环节构成：问题引导环节、观看视频环节和问题解决环节。

(5)电子课本与电子书包

电子课本 e-textbook,电子书包 e-school bag,是指利用信息化设备进行教学的便携式终端,主要包括的硬件设备有电脑、手机等。

电子书包作为提供核心技术支持的手段,帮助学生观看教学视频,并建立学生与工具、资源之间的联系,以获得更多的学习支持。

全球知名机构"新媒体联盟"发布的 2010 Horizon 和 2011 Horizon 的两个报告均指出,对未来 5 年的数字化发展影响巨大的技术之一——电子书技术将在两到三年内发展成熟。世界正进入"无纸书籍"学习新时代,电子课本与电子书包逐渐进入出版行业和教育领域。

(6)创客教育

"创客"一词来源于英文的 maker。《新媒体联盟地平线报告(2015 基础教育版)》提出,未来的三至五年内"学生将从教育消费者,转变为教育的创造者",这将是驱动 K12 教育(即基础教育)发展的重要动力。创客教育融合了 3D 打印技术(见图 2-1)、无人机、计算机建模等新型科技,丰富了学生的学习资源,增强了学生的学习乐趣。

图 2-1　3D 打印技术应用在课堂上

(7)慕课

"慕课"的英文是 MOOC,即 Massive Open Online Courses 的缩写,中文的意思是大型开放式网络课程。这种教学模式整合了丰富的、动态更新的学习资源。阿纳特·阿嘉瓦尔(Anant Argarwal)在一次 TED 的演讲中提到了慕课的五大好处：1. 主动学习；2. 自行安排学习进度；3. 及时反馈；4. 虚拟实验与游戏化；5. 同伴学习。但是关于慕课的弊端也有很多，有很多问题仍然需要解决。

（8）增强现实

"增强现实"的英文是 Augmented Reality，是通过电脑等科学技术将真实世界信息和虚拟世界信息"无缝"集成的新技术，它能将虚拟的信息应用到真实世界，被人类感官所感知，从而实现超越现实的感官体验。

增强现实被广泛运用到儿童启蒙学习中（见图2-2）。通过使用手机、平板电脑等工具，孩子可以跟虚拟现实中的内容进行互动，配合音频、动画激发他们学习的乐趣。除了手机、平板电脑，AR 眼镜也可以应用到教学中。

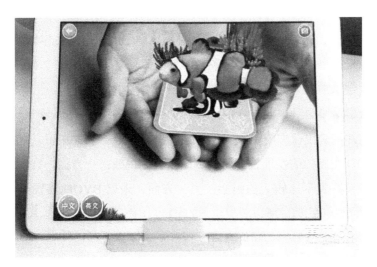

图2-2　AR 应用于儿童启蒙学习

（9）大数据学习分析

学习分析是通过对学习者以及他们的学习环境的数据收集、分析和汇总呈现，从而实现对学习以及学习情境的优化。从信息化教学层面来看，学习分析具有学习数据丰富、分析维度多样、实时动态干预的特点，有力助推大数据支持的精准学习。

除了胡小勇在该论文中提到的九种教学模式，BYOD 教学模式在教学过程中也经常会被使用到。

◎ BYOD教学模式

BYOD 是 Bring Your Own Device 的缩写，通常译为"自带设备"，意思是允许员工自带私有设备到办公场所，并可使用这些设备获得公司独有的信息或运用公司程序。这个术语最早由英特尔于 2009 年带入大众视线，这家公司当时发现有越来越多的自家员工带私有设备来上班并连接到企业网络。

随后，BYOD 概念逐渐从 2010 年开始在西方各国的中小学流行开来，学生们自带电子设备（诸如手机、平板电脑、笔记本电脑等）到课堂上进行学习方面的使用。而在国内，BOYD 教学还处于初步探索的阶段。BYOD 的优点如下：

1. 倡导学生主动学习，注重学生能力的提升；
2. 以学生全面发展的素质教育为目标，以学生的学习能力作为评价标准；
3. 能根据不同学科进行灵活多变的教学；
4. 教学以学生为主体，老师则激励学生主动学习；
5. 教学手段更具现代化，紧跟时代发展的潮流；
6. 让知识跳出课本的范围，使学生在主动探索中求得知识。

BYOD 在国内的发展目前还面临比较大的挑战：一方面，许多老师和家长对自带设备表示比较大的担心；另一方面，采用 BYOD 需要学校改变现有的教学制度和管理。所以要促进 BYOD 在国内的发展，需要学校、老师、家长和学生四个方面的共同努力。

◎ 人工智能

人工智能（Artificial Intelligence，AI）目前已经与多媒体技术、网络技术、数据库技术有效融合，在教育方面也有了一定的应用。目前，在教育领域，人工智能的实施包含了两个方面：一方面是人工智能课程，主要包括中小学信息技术必修课程中与人工智能相关的内容，以及人工智能选修课程；另一方面是人工智能在学科教学中的应用，及人工智能为学校的教育提供了丰富的资源和测评方法。

不管课堂中采取哪种教学模式，最终想实现的目标都是希望学生受益，教师教学更加顺畅。真正的教学过程中很多时候需要的是将多种教学模式融合起来，让学生能够轻松快乐地学习。

第二节　创新也是有"风险"的

不论哪种教育模式，都很难达到完美的程度。在鼓励创新的同时，学校和教师要充分考虑到其中面临的问题，这样在执行过程中就可以找到一个恰到好处的平衡点来更好地进行教学。

下面，针对几个新型教学模式在施行过程中面临的困难和挑战，我简单分析一下。

（一）电子书包

电子书包固然可以减轻学生携带厚重的书包的问题，使用一个平板电脑（不仅仅是 pad，还包括手机和计算机）囊括了教材、黑板、练习等各方面教学材料。然而，电子书包在实际应用的过程中，还是面临很多问题。如教师王小菊在《浅谈电子书包存在的利弊》中提到了电子书包在教学过程中出现的如下问题。

（1）对学习效率、健康的影响。当长时间面对计算机、手机等电子产品时会产生眼睛干涩、头晕等症状。

（2）对学习方式的挑战。对于语文、英语等课程，更多的是读写听说的练习，对于数理化这类需要严谨推理的课程，在做题时需要一个推理运算的过程。

（3）电子书格式问题。学生面临各种文件格式不兼容和不连贯的困扰。格式标准涉及商业利益，电子格式不统一有其存在的必然性。

（4）如遇停电、网络拥堵等情况将无法使用。电子书包对电力的依赖性很强，没有电将寸步难行。

（5）价格因素影响其大范围推行。

除此之外，在实际教学过程中，还有很多其他的问题，如：

1. 版权保护问题

一方面，在世界范围内，对电子书的版权缺乏相应的保护；另一方面，电子书在没有技术保护的状态下，非常容易被复制、传播和篡改。

2. 学生会对电子设备产生依赖性

电子书包过于便捷，很多内容都可以轻松地复制粘贴，学生的主动探索能力和创新能力可能会大大地受到影响。

3. 学生出现注意力分散问题

在实际课堂教学中，由于学生的自控能力太差，很多学生会出现"开小差"的现象，比如偷玩游戏、聊微信、逛淘宝等。

（二）慕课MOOCs

随着慕课在我国兴起，这种教学模式也开始面临很多问题，如诚信问题、课程质量保证问题、评估机制和标准问题、创新性问题、素质教育与能力培养问题、课程受众高要求问题、课程定价问题、利益分配问题、课程内容的修订与调整问题、多线程学习问题等。

《中国教育黄皮书》也提到，慕课未来发展有六大挑战。

1. 如何应对变革之痛：结构延续的惯性将成为其最大阻力。

2. 大学生是否能够提供足够规模的优质课程资源：开放资源不是面子工程，本校学生慕课学分带头认可。

3. 关键不是平台技术，而是商业模式如何运作；没有可持续的商业运营模式，慕课将无以为继。盈利还是非营利，这是个难题。

4. 在线学习文化建立：有价值的学习内容，如何成功地让人参与学习的过程。

5. 信任问题：考试、评估，新的教育管理评价体系能否得到人们的认可。

6. 数字鸿沟远大于思想观念的鸿沟。

而在中小学教学中实现慕课就更有难度了。一方面，参与慕课制作的教师良莠不齐，课程质量难以保证；另一方面，在很多地区，网络和相关硬件设备的普及和学生是否能够良好地控制上网时间做到自律，都是慕课这种模式执行和普及所面临的困难。

在跟各地领导和教师接触的过程中，我曾经遇到一群来自我国西部地区的校长，当有人给他们介绍慕课并分享慕课成果时，他们当即表示拒绝听下去，转而要求了解其他的教育装备。据他们讲，在他们当地，学生使用电脑的普及率还远没有达到普及的程度，更不用说通过慕课这种方式进行教学和课外活动了。

而对于很多学生是否会以网上学习之名而堂而皇之地上网玩游戏或者做其他与活动和学习无关的事情，学校、老师和家长都表示很担忧。

我认为，慕课主要还是针对在网络和硬件比较完备的情况之下，有创造力的教师和自律的学生进行共同分享、交流、学习、考核等活动更为适合。

（三）微课

自2012年起，我国部分中小学在"微课程教学法"和NOC网络教研活动引导下，在全国率先展开翻转课堂的教学改革试验探索。"信息化教学前移"成功地展现了翻转课堂课前自主学习的"本土化"。然而"信息化教学前移"后，课堂教学方式创新需要避免"信息化教学空置"；更重要的是，虽然从设计和时间看，各实验学校在课堂教学方式创新中也发展出诸如精讲类、实验类、示范类、面批类等不同类型，但仅用"检测、作业、协作、展示"的"四步法"来概括，很容易被教师理解为一种固定的协作操练方式（学案导学2.0版），导致深度学习不够，其协作学习的过程亦缺乏选择性和个性化。

微课模式的固定反而会使很多教师过分依赖视频内容。如学生在看视频过程中出现注意力分散等现象，在接下来的教学环节教师没有及时纠正和讲解，更容易导致教学任务无法完成。另外，微课的质量保证方面也是一个很大的问题。

当然，针对以上的部分问题，大家也提出了很多改进办法。

（1）在"信息化教学前移"的基础上，强调"信息化教学后置"，通过课内混合学习体现信息技术的深度融合。

（2）在完善课前"自主学习任务单"基础上，设计"深度学习活动单"，以研究性学习为主线，设计多样性的自主研究和小组合作学习活动，提升学生思维能力的层次。

（3）不仅探索"先学后教"，更注重自主选择，增强个别指导或互动的针对性，改善不同学生的学习质量。

（4）尽可能让多数作业、答疑、检测和评价过程在课堂完成，减轻学生家庭作业负担。

（四）人工智能

东北大学导师王斐在《人工智能在中学教育教学中的应用现状分析》中表示，"从教学一线的现状来看，人工智能课程的教学效果有待提高，人工智能辅助教学的功能体现不够充分。"而对于中小学的教育来说，需要更多的专家对人工智能在实际教学中的应用进行更深入的研究。

此外，其他的教学模式在实际的操作过程中都或多或少地存在各种问题。课堂教学时，教师需要综合考虑学生的状况，灵活地运用各种方式来提高课堂的教学效果。

第三节　VR+教育：市场前景与政策支持

教育市场有着非常大的发展潜力。在我国，子女教育支出已经成为城市家庭的主要经济支出之一。调查显示，城市家庭平均每年在子女教育方面的支出，占家庭子女总支出的78.3%，占家庭总支出的36.5%，占家庭总收入的32.7%。调查显示，81.4%的家庭对于课外培训或辅导的选择集中在语文、数学、外语等学科类辅导；33.9%的家庭支付于音乐、舞蹈、绘画、书法等艺术类培训；14.7%的家庭支付于武术、游泳等体育类训练；3.6%的家庭让孩子参与航模、机器人等科技类培训，具体数据对比请见图2-3。国家对教育培训市场进一步开放，尤其使职业培训快速迅猛发展。教育行业处在高速发展的阶段，越来越多的投资者将眼光投向教育行业，而教育行业想要持续发展，也需要资本市场的助力。未来10年，教育培训行业将是增长潜力最大的行业之一，依然会受到资本的强力青睐。

图 2-3　城市家庭课外培训比例图

（注：部分家庭会同时参加多个项目，所以总数会超过100%）

教育培训市场规模超过万亿，根据统计数据，2015年全国教育培训行业的市场规模是1.66万亿元。教育培训行业可以分为体制内公立教育和体制外培训机构两大类，其中体制外市场化的教育培训机构包括K12辅导、婴幼儿教育、兴趣辅导等，合计所占市场规模为8 700亿元，占比52.80%，是整个教育培训最主要的组成部分。

随着"二胎"政策的放开，在近几年，小学生的数量还会有大幅度增加，基础教育的市场规模将进一步扩大。

因此，针对新式教学模式的探索和各种教育培训方面的投入也非常大。无论哪种新型教学模式，都可以说是教学模式的革新和进步。当然，正如本章上一节所提到的，现有的很多创新教学模式还存在问题和争议，包括我们现在提出的VR教育，现今也主要是处于探索阶段。可喜的是，全国各地对VR都进行了大力扶持，对于VR教育政府的支持力度也是非常大的。

下面我们再来看一下各地政府对VR产业的支持情况。

〇 各地政府对VR大力支持

早在2016年上半年，在工业和信息化部电子信息司指导下，中国电子技术标准化研究院组织编写了《虚拟现实产业发展白皮书》。书中全面阐述了国内外虚拟现实产业发展现状、技术特点、关键技术环节和主要应用领域，并分析未来提升空间，给出了相应的政策建议。

○ 国家虚拟现实/增强现实技术及应用国家工程实验室成立

同年 8 月 26 日，国家发展改革委办公厅在其官网发布的《关于请组织申报"互联网 +"领域创新能力建设专项的通知》指出，要"针对我国虚拟现实 / 增强现实用户体验不佳等问题，建设虚拟现实 / 增强现实技术及应用创新平台，支撑开展内容拍摄、数据建模、传感器、触觉反馈、新型显示、图像处理、环绕声、（超）高清晰度高处理性能终端、虚拟现实 / 增强现实测试等技术的研发和工程化，实现对行业公共服务水平的提升。申报单位需具备虚拟现实 / 增强现实产品集成研发和产业化能力，并在体育直播、军事、教育等领域取得应用"。

有了国家政策推动，无疑将加快 VR/AR 行业在国内的发展。不过需要注意的是，该批国家工程实验室原则上将通过竞争择优确定（原则上支持本领域排名第一的单位），企业申报成功，会获得配套资金或政策支持。

在国家 VR/AR 实验室的带动下，各地方为了推动 VR/AR 行业的发展，也相继建立了相关产业基地。

成都

2016 年 3 月 27 日，在第一届中国 VR&AR 国际峰会上，成都宣布中国西部虚拟现实产业园已确定落户成都。

中国西部虚拟现实产业园（Western China Virtual Reality Industrial Park）以政府扶持、引导为依托，公司运营为主体，通过虚拟现实和增强现实技术，致力于打通 VR/AR 文教（文化旅游、教育医疗）、娱乐（游戏动漫、娱乐仿真）、制造（虚拟制造、产品设计）等领域的软硬件产业链条，凝聚全球文化创意、动漫游戏、虚拟现实、增强现实、虚拟制造和产品设计的创业人才，享受国家产业扶持政策和辅导基金，接受产业孵化。

福建

2016 年 4 月 20 日，福州市政府出台了《关于促进 VR 产业加快发展的十条措施》，指出"为加快推进'数字福建'建设，依托数字福建（长乐）

产业园及网龙网络技术公司长乐基地，瞄准虚拟现实（以下简称VR）产业前沿技术，发展VR硬件、软件设计、平台分发与内容产品，推动VR相关重大项目和发展要素集聚，力争通过3～5年的努力，培育比较完整的VR产业链，打造全国领先的VR产业集聚区和全球VR产业重要的创业创新平台"。

除了加大专项扶持、金融支撑、设立VR产业风险投资基金等，福州市对VR初创企业也有着力度不小的财政扶持，对于推动VR领域创新的孵化器将给予10万～100万元的补贴；对2016年1月1日之后成立的VR企业，经两家相关部门认定的天使投资机构、创业投资机构、风险投资机构等共同推荐，给予10万～20万元创业启动资金支持。

江西

2016年6月24日，为加快VR/AR产业发展，南昌市政府第9次常务会议审议通过《关于加快VR/AR产业发展的若干政策（试行）》（以下简称《政策》），《政策》对以下对象进行重点支持：

1. 从事VR/AR产业硬件设备研发、系统搭建、软件内容开发、应用产品、衍生服务等相关企业；

2. VR/AR重点实验室、研究院，VR/AR高端人才和团队；

3. VR/AR产业创新中心及公共服务平台等。

而对于VR初创企业和推动VR/AR领域创业的孵化器均有相应的启动资金支持或补助。此外，《政策》对VR/AR企业融资、VR/AR领域创新、帮助VR/AR企业开拓市场、培育VR/AR人才、强化VR/AR产业保障措施等方面有相应的政策。

重庆

2016年9月5日，重庆市经济和信息化委员会发布关于印发《关于加快推进虚拟现实产业发展的工作意见》（以下简称《意见》）的通知。《意见》指出，"到2020年，实施30个以上虚拟现实应用示范工程，形成以10家以上骨干企业为龙头，500家'专、精、特、新'的中小微企业为拓展的基本完善的虚拟现实产业体系，力争综合产值突破100亿元。"

《意见》在主要任务和保障措施等方面都做了明确的阐述。

湖南

2016年7月15日,长沙市在其政府门户网站上发表《长沙规划打造中国虚拟现实之都》,文中提到市经信委初步制定《长沙虚拟现实产业发展规划》(征求意见稿),计划将长沙打造成中国虚拟现实之都,力争到2020年,VR相关产业成为新的价值千亿的产业。具体规划方面,"为更好地推动VR产业发展,长沙将成立VR产业联盟,抱团发展;成立VR产业基金,首期基金规模为30亿元;设立VR产业专项资金,资金规模每年1亿元,主要用于VR产业技术研发、平台建设、硬件设备生产和重大项目支持等。"

安徽

由工信部与安徽省政府共建的部省重点合作项目"中国声谷",由安徽信投全面负责运营管理。"中国声谷"按照"集聚发展、布局优化"的原则,打造"一核、两区、多园"的基地空间布局,通过投资、招商、孵化等方式加速人工智能产业项目向"中国声谷"的聚集,完善人工智能产业链,努力把中国的人工智能产业打造成具有国际竞争力的主导产业。

中国声谷入园企业除可享受安徽省"1+6+2"、合肥市"1+3+5"、高新区"2+2"等相关产业扶持配套政策之外,还可享受由"中国声谷"针对性制定的园区政策,更全面地推动中国声谷VR产业招商和发展的优势。

安徽积极抢抓中国制造2025战略机遇,建造"中国声谷",致力VR发展,扩大技术储备,不断提升核心竞争力,以保持创新能力经久不衰。

山东

2016年5月28日,北京航空航天大学、青岛市崂山区和歌尔集团签署合作及共建协议,共同推动北航青岛研究院建设。北航青岛研究院、北航虚拟现实国家重点实验室青岛分室揭牌,标志着国内虚拟现实重点研发机构在青岛落地。

通过虚拟现实之都建设,崂山区将逐步形成集创新孵化、高端研发、生产应用为一体,领先型企业和领军型人才高度集聚的,科技金融、政策服务完善的VR产业生态圈。

崂山区副区长表示,崂山区将成立1亿元的VR天使创投基金、5亿元的协同创新基金、30亿元的VR产业投资基金,用于扶持虚拟现实产业发展。

同时，崂山区将加大政府投入，打造成虚拟现实技术应用示范城区，在教育、文化、医疗、城市管理、公共安全等方方面面加大运用虚拟现实技术，在应用上走在前列，更好地推动虚拟现实产业的发展。

2016年10月17日下午，山东省潍坊高新区举行"虚拟现实与智能硬件未来发展"专题辅导报告会，潍坊市委常委、宣传部部长、高新区党工委书记初宝杰主持报告会。他指出，"要严格落实市政府VR产业发展专题会议精神，加速出台一系列含金量高的VR产业扶持政策。要积极争取省委、省政府甚至国家层面的支持，在VR产业发展、项目布局、土地使用等方面，开通绿色通道，做到有求必应、即时即办。"

河南

2016年8月，郑州市委、市政府印发《郑州国家自主创新示范区建设实施方案》（以下简称《方案》），为示范区建设列出了任务清单。

这些示范区中，郑州经开区重点建设智能汽车与电动汽车产业园、重大装备制造科技产业园、河南跨境电商智慧产业园、虚拟现实/增强现实科技产业园、机器人与智能制造科技产业园、智慧物流园等。

9月21日，国内首家VR旅游联盟——河南省VR旅游产业联盟在郑州成立。

作为国内首家垂直行业的VR联盟，河南省VR旅游产业联盟致力于将VR技术与旅游产业相结合，充分利用各种资源优势及技术创新手段，以市场化手段推动VR旅游产业发展。

河北

2016年7月，河北省邢台市市长董晓宇代表市政府与国内虚拟现实技术开发研究权威机构——北京航空航天大学虚拟现实技术与系统国家重点实验室（以下简称北航VR国重）签订《战略合作框架协议》，展开全面合作。

此次签约意义重大，有利于该市进一步优化产业结构，提升科技实力。

邢台市将为北航VR国重在邢发展提供最优惠的政策支持、最优质的服务保障和最便利的发展环境。

贵州

2016年10月7—8日，虚拟现实峰会在贵安新区举办，在峰会上贵州省发改委、贵安新区管委会发布《贵州新区支持虚拟现实产业发展十条政策》。该政策规定，凡是在贵安新区注册登记并在新区实际办公的 VR 企业，除及时享受国家及贵州省有关政策措施以外，还可以得到新区给予的行政服务、生产场地等十项政策支持。

其中比较有亮点的是，新区建设的科技基础设施，或利用财政资金购置的大型科学仪器设备免费向 VR 企业开放。

奖励方面，在主板上市的 VR 企业奖励 1 200 万元，在中小板、创业板上市的奖励 500 万元，在新三板上市的奖励 200 万元；VR 企业入驻 5 年内，上一年度 VR 主营业务销售收入（以官方统计为准）首次达到 500 万元、1 000 万元、5 000 万元、1 亿元以上的，分别给予 10 万元、20 万元、50 万元、100 万元奖励。企业缴纳税收新区实际留存部分，可按照一定比例给予奖励。

广东

广东省科学技术厅于 2017 年 1 月 20 日发布的《附件：2017 年度广东省科技发展专项资金项目（第三批）申报指南》中的专题三，对于推动虚拟现实与增强现实（VR/AR）关键技术研发及产业化进行了大力扶持。

在"围绕 VR/AR 的 3D 显示建模及优化技术研发与产业化"方面，对于"项目完成时须申请核心技术发明专利 5 件以上；项目成果应对文化创意、在线教育、移动医疗、电子商务、社交等移动互联网行业应用提供技术支撑"，政府将提供 300 万元 / 项的支持。

在"围绕 VR/AR 的人机交互技术创新产品研发与产业化"方面，对于"项目完成时须申请核心技术发明专利 5 件以上；形成基于上述产品的新型应用模式和业态"，政府将提供 300 万元 / 项的支持。

在 VR/AR 技术应用到教育、医疗、军事等领域方面，"项目完成时产品销量应达到 5 万台套以上；软件或应用平台开发，用户要达 5 万人以上"，政府将提供 300 万元 / 项的大力支持。

2016 年 11 月 17 日，全球智能移动设备与虚拟现实（VR）科技企业 HTC 及深圳市人民政府签署《深圳市人民政府与宏达国际电子股份有限公司战略合作协议》，组建"VR 中国研究院"，且双方将联合发起总规模达 100 亿元人民币的"深圳 VR 产业基金"。

据悉，双方的合作将充分发挥 HTC 在 VR 领域的技术和人才等优势，重点突破传感器、显示屏、图形图像、数据可视化、人机交互等领域核心技术；建立企业、高校、科研机构和投资机构共同参与、整体发展的创新体系；积极推动 VR 技术在医疗、工程、设计、制造等专业领域的示范应用。

北京

2016 年 10 月 11 日，为加快推动中关村国家自主创新示范区虚拟现实（含增强现实和混合现实）产业创新发展，中关村科技园区管理委员会与石景山区人民政府共同制定了《关于促进中关村虚拟现实产业创新发展的若干措施》（以下简称《措施》）。

《措施》对推动虚拟现实技术发展的相关项目和支持虚拟现实创业发展的孵化器都有着不同程度的补贴和资金支持。在石景山园建设中关村虚拟现实产业园，对在产业园购置自用办公场所且面积超过 1 000 平方米的企业进行购房补贴。

除了书中列举的 VR 产业基地，各地方正在陆续出台虚拟现实行业相关政策。可以预见的是，在国家及地方政策的支持下，我国 VR/AR 产业发展的步伐将大大加快。

第三章 VR教育行业现状

对于 VR 教育，很多人都确信这是一个大的方向，但是大家都认为 VR 真正被学校广泛接受并买单还是有很大的难度，要经历更长的时间和市场的考验。B 端市场尚且如此，C 端市场就更不必说。在 2016 年年末，面对各种投资人，大家似乎都是说着同一番话："VR+ 教育肯定是方向，只是我们没有想清楚市场到底什么时候才可以爆发。"对于这种说法，我的回答是，任何创新总要有人去尝试，迈出第一步，总结经验，从各个角度试水，才能有突破，才能有发展。虽然很多投资人和投资机构对于 VR 教育这个行业仅持观望态度，但还是有很多公司，包括我们公司都在很多方面做了尝试。

记得 2016 年 9 月，我在南京参加的一次活动中，结识了一位网龙的管理人员。他告诉我，网龙在内容制作方面花了一亿多元找老师和技术团队，但是最后发现太"烧钱"了。所以他们管理层调整了公司的战略方向：不做内容，改做渠道，而他们会跟内容厂商采购 VR 内容。虽然对此说法我无法证实其真实程度如何，但是这至少在一定程度上反映出了 VR 课程制作的困难——并不是任何一个随便的团队都可以把"VR + 教育"这件事情做好。活动期间，福建小霸王教育事业部的工作人员告诉我，他们也在做 VR 教育的渠道。"小霸王"在我的印象里还是"小霸王学习机"，不过，他们的市场人员说，小霸王认定 VR 教育会是一个大的方向，搭上他们多年的市场渠道，他们也希望在 VR 教育方面开拓出市场。到目前为止，以我在这个行业的经验来看，目前做 VR 教育的公司主要有如下几个方向。

1. VR 教育渠道：很多传统教育类公司，或者是教育行业资源多的公司，主要是做行业渠道，聚集 VR 硬件和内容资源，打开 VR 教育市场。

2. VR 行业技术培训：行业技术培训包括很多专业的培训，主要针对的市场是具体的行业应用的培训市场，如建筑业、医学、游戏等行业。

3. VR 安全教育：针对学生的安全防护教育，如火灾、地震等 VR 版本的教育内容。因为这些场景很难通过2D去模拟,视频展示的效果也不如VR好,所以很多公司都做了安全教育这类内容。

4. VR教室控制系统:由教师控制多台VR头显设备,主打教师的控制系统。

5. VR超级教室:全面的VR教室配备。

6. VR内容生产商:专门提供VR课程的内容生产公司。我们公司就是专门从事课程研发的团队。也有很多外包型公司针对某些教育内容做了一些定制项目,也算作VR内容生产商的范畴。

7. VR课程录播:将实际的课程通过全景摄像机拍摄下来,制作成VR内容。

8. VR教育内容平台:聚集VR教育内容的平台。

现在市面上有多少VR教育类型的公司,我无法给出具体的数字。但是最近看到的现象是很多游戏公司或者是小型外包团队转做了VR教育,可见VR教育这个行业前景非常大,被大家广泛看好。不过,在选择教育课程或是内容定制公司的时候,校方一定要综合多方面进行考核(具体考核标准可以参考本章第一节)。

在我刚刚成立公司的时候,有一个合作伙伴曾经跟我们公司谈到这个内容平台的问题:当内容离"丰富"还很远的时候,有很多人自称创业,要做内容平台,也有人声称自己要做教育内容平台。但是,没有内容何来平台?渠道如何开拓?如果每个公司都等着别人做好内容,然后免费放在自己的平台上,再进行所谓的"利益分成",那会有多少公司能真正踏实做好内容?所以,在没有内容的前提之下,"盲目地说自己要做平台"其实是被很多教育内容生产厂商排斥的。

第一节 内容厂商"各自为战"

前面提到过的几种做VR教育的公司中,恐怕最难的就是生产内容了。而无论是做渠道,还是做超级教室,都需要优质的内容让用户"埋单"。然而，市场上的 VR 内容很多都是通过 VR 的方式实现录课。比如录制新东方的课堂，将内容放在 VR 头显设备内，如同直接去新东方上课。这种方式我在 2016 年年初就看到了相关报道说乐视与新东方合作，制作此类课程。本人认为，虽然 VR 可以让学生有身临其境的感觉，可是，身临其境地体验这样的课堂，恐怕喜欢听课的学生还好，不喜欢听课的学生依然会"开小差"，再加上戴上头盔产生的或多或少的眩晕感，还不如花钱过去报培训班。

什么样的VR内容更吸引人？

VR 真正的意义并不仅仅是可以身临其境地体验名师课堂，因为毕竟名师在众多教师群体中还是少数。在硬件还没有百分之百解决眩晕感这个问题时，让学生带着 VR 头显，在老师的指点下，体验虚拟教室和虚拟老师，难免会有一种"隔靴搔痒"的感觉。当然，我们可以不用让每个人置身在教室里，也可以在家中体验这样的课程。不过，恐怕这种 VR 课程跟 2D 的视频区别不是很大，而且，戴 VR 头显还容易造成眩晕感。

自创业起，我对 VR 教育的理解和定义就是，通过 VR 这种高科技手段来把课堂上教师没有办法用语言描述出的、抽象的内容，通过具体的、3D 的、360°的、全沉浸的场景给学生展示出来，让学生完全进入这个场景。学生除了对场景内的一切感到震撼、身临其境以外，更能极大程度地解决学习兴趣和专注度的问题。学生在特定的知识环境内无处可逃。正如我在本书中反复强调的，VR 教育内容应该最先解决的问题是：展现 2D 视频没有办法展现的内容，或者是 2D 视频的体验远不如 3D 的 VR 的内容。在 VR 教育这个市场上，有很多公司都会制作关于宇宙的 VR 内容，因为通过 2D 的视频或者是图片一定没有把体验者（学生）放在虚拟的太空中，看着星球在我们的身边运转、流星在我们身旁划过来得震撼。同样，不论是 VR 游戏还是 VR 教育，海洋也是很重要的一个制作内容。2015 年年末，一位制作 VR 游戏的公司高管告诉我，他在展会上喜欢展示海洋方面的 VR 内容，因为他尝试过很多内容，觉得体验海洋的内容时最不容易有眩晕感。无独有偶，在之后几天的 CES 大会上，我就体验了 HTC Vive 的海洋场景的 demo（场景截图见图 3-1）。给学生看平面的一条游动的鲸鱼，当然不如让学生"潜"入海洋，看到五彩缤纷的海洋生物在身边游过，并跟它们发生交互的乐趣多。

图 3-1　HTC Vive 的 the Blu 场景截图

○ 教育内容同质化严重，增加行业制作成本

上面我提到，很多 VR 内容制作团队（无论是做教育还是游戏）都做了关于宇宙、海底的 VR 内容。不瞒大家，我们公司也"不落俗套"地做了这两个内容，因为这两个内容的确很典型。如果我们不做，只能花钱购买别的团队制作的内容，因为大家不会免费"分享"这个成果。试想一下，如果内容厂商愿意分享自己所做的内容，或者是联合起来，一起集合成熟的、效果更好的 VR 内容，让更多的学校或者用户了解到如果购买 VR 设备，可以通过 VR 来学习各个学科，C 端市场就会更快打开。然而，在实际的应用中，除非是关系非常好的合作伙伴，否则不会有哪个公司愿意把自己辛辛苦苦制作的内容"分享"给其他公司，即使学科和市场不一样，这就是所谓的"同行是冤家"。

假设大家可以把精力分散开来，那么这个力量组合到一起就会大幅度增加，也就是我们常说的"抱团取暖"。比如我们公司比较擅长的就是针对英语、语文、科学等学科方面的内容制作（由团队的主要成员的行业背景决定），我们了解这些学科教师的教学痛点和难点。但是，目前我们公司并没有大规模涉及初中以上的理科 VR 内容的制作。所以，我特别希望其他团队可以团结在一起，把 VR 教育共同推向学校，一起拓展更大的市场。

有一次，跟行业内的一个初创团队交流，几个男孩儿主要做的是 VR 化学方面的教育内容，且主要面向的是高中和初中。从利益角度来讲，双方初期完全不冲突，刚好形成互补，可以一起合作开拓市场。我自身是完全不介意把我们的内容展示给他们看。但是正所谓"同行是冤家"，很多公司对于把内容展示给同行都非常慎重。

资本为导向的市场瓜分

2016 年年初开始融资的时候，有一个行业内比较有名气的机构的投资人就告诉我，投资人都希望他们投的公司将来成为行业的"独角兽"。"独角兽"，顾名思义，就是"一家独大"。也就是说，一定要展现给资本看自己的企业是最棒的、最有希望成为平台的，且最有希望"吞掉"其他企业。因此，很多内容生产厂商都不会把自己的内容分享给别人，而希望自己成为可以垄断市场的那一个。否则，"发展成为平台"的可能性就给了自己的竞争对手。又由于内容的生产成本高，很多公司面对竞争对手，更是完全不想展示自己的教育产品，生怕别人看了会"抄袭"。让对方看自己的产品都这么难，更不用说免费"分享"给同行了。即使是传统行业，如 PPT，可能很多人也不愿意把自己精心制作的 PPT 分享给别人。制作 PPT 耗时比较少，复制一个内容或者是以一个内容为模板进行适当的修改的时间成本和人工成本都很小。但制作 VR 内容就截然不同，其制作成本非常高，而制作时间也相当长。就算是让同行看到了，花时间复制出一个一模一样或者类似的内容很可能需要一个月或者是几个月的时间。而在之后的生产和制作方面，如果没有很好的知识积累和内容策划，就算是"复制"内容，也无法保证之后的产量。所以，与其担心自己的内容被复制而"故步自封"，不如大胆地分享并开拓市场，让外界知道自己的技术实力。当然，在内容生产出来之前，也应该在版权方面采取保护措施。

有些内容厂商为了融资，需要做的就是迅速地占领市场，从某种程度上实现"变现"，这样就需要做大量的市场宣传，找媒体采访，去展会，甚至夸大自己所生产的 VR 资源数量。有的甚至是拿网上的一些免费视频当作自己的课程进行售卖。而学校负责采购 VR 设备和资源的领导或老师，如果没有相关行业知识，或者是没有仔细调研，很可能被所谓的"700 多个 VR 资源"吸引而埋单。

○ 更多vs更优质（校方采购内容时可以参考哪些指标）

学校在采购 VR 课程的时候，更应该考虑的不是到底有几百个还是几千个 VR 内容资源，而是这些资源是否都是优质的内容，是否构成完整的系统，是否有一个纵向的连接性。当然，没有学校会采购一大批设备而仅仅买几个内容，虽然一个内容的生产成本非常高（详见本章第二节），但是多个学校埋单自然可以将 VR 课程资源的价格拉低。但是这个价格降低也不是菜市场比价，谁家更低就要买谁家。所以，学校在采购 VR 课程的时候，可以参考如下指标：

1. 硬件设备参数（详见第一章第一节）；
2. 课程是否符合教师教学痛点；
3. 详细课程列表（尽可能多地看课程内容是否符合课程列表）；
4. 每节课程时长；
5. 课程整体风格是否统一（也可以询问是否为自主版权，自主研发）；
6. 是否有成功教学案例。

因此，学校在采购内容的时候，要充分考虑以上我提出的各项指标；在满足各指标的情况下，当然是资源越多越好。

第二节　高昂的制作成本与大众眼中的内容

在前一章我提到过，VR 内容制作非常"烧钱"，而 VR 教育内容更是格外地"烧"。就像我刚刚提到过的网龙的那位管理人员提到他们的内容制作花了一亿多元，虽然这个数字我无法证实到底是真是假，但是如果公司真的是请一群教师和一群技术人员来生产 VR 课件的话，这个数字并不夸张。我先介绍一下，生产一个 VR 教育内容至少需要哪些工作人员吧（相关人员工作的具体内容请见第六章第三节）：

1. 一线教师

做教育内容，肯定需要一线教师，确切地说，是了解教学痛点的人，而他们也喜欢探索新式教学模式。要知道在学校，有很多老师是拒绝接受新式教学模式，并拒绝改变的。

2. 专业策划人员

策划在制作 VR 内容时有着至关重要的地位，策划需要对 VR 技术有足够的了解，同时对美术、动画、特效有很强的宏观把控能力，而且能够照顾到每个细节。策划越专业，团队的沟通成本越低。

3. 3D 建模师

绝大部分 VR 内容都是 3D 的模型，而建造一个 3D 模型对于美术师来说需要的时间不同，可能是几个小时到几天，甚至是更长的时间。

4. 3D 动画师

有了 3D 模型，在虚拟的环境之下，我们一定希望这些模型可以动起来，那么就需要 3D 动画师了。动画师很多时候为了调一个动作，让这个动作感觉不生硬，需要花费大量的时间和心血。

5. 音效师

音效师让 VR 内容显得更加真实。所以，VR 内容对于场景的各种音乐、音效的要求非常高。

6. 专业程序员

有了模型、动画、特效，就需要程序员根据脚本编程，呈现出我们想要看到的 VR 内容。

一个优秀的内容至少需要以上的所有专业人员能够有非常好的配合。而上面我提及的仅仅是一个部分的费用，针对定制内容的开发，以及具体客户的需求再进行美术、动画、技术等方面的调整（也就是细节调优）的时间成本更高。其实很多时候，在前期需求不明确的情况之下，调整的时间要比最初做的时间还要长，后期的人力投入成本很可能更大。为了避免这种事情的发生，最好的做法就是提前策划好，尽量思考细致、全面，做到少修改，甚至不修改。近期（2017年2月），我看到行业内一个内容制作团队分享的内容定制项目（VR恐高症治疗项目）的制作经历，沟通策划的时间是5天，基础功能的实现是3天，细节调优花费了10天。该团队重点强调：一定要充分了解甲方的需求，如果沟通策划不到位，后面的各项工作时间都会大大增加。

大众眼中的内容消费模式

相信很多人都有这个思想：内容应该是免费的，用户形成习惯之后，再对其收费。这就好比多年前，在优酷、土豆上看视频要先免费看，听歌免费在线听，视频免费在线看，服务App免费先试用，过了这个"培养用户"的阶段之后再收费。这样做固然有好处，但是针对需要"锱铢必较"的初创团队来说，在没有资本的支持情况之下，变现的速度一旦不够理想，很少有公司在这样的情况之下可以"烧自己的钱"支持下去，除非创始人团队"家底儿"够丰富。

然而，内容到底是否应该收费呢？我们以一首新人的原创歌曲举例。当你听到特别优美的原创歌曲，想下载之后再听或者是与朋友分享，你当然希望它是可以免费下载、免费扩散的。这样做的好处是，作者的歌也可以早点拥有更多认可的受众，早日成名。然而，你是否考虑过，作者在创作一首歌时，要做填词、作曲、录制、后期制作等方面的投入，虽说是金子总会发光，只要是好歌肯定会被认可，这样就可以一举成名了，可是实际生活中，又有多少音乐才子佳人们愿意这样坚持下去？有多少人因为难以成名，放弃了自己创作的路？

制作一首原创歌曲尚且如此，制作电影、电视剧的费用更是呈几何倍数的增长。而对于看电影这件事情来说，除了新上的电影观众可以去电影院亲自观影以外，我们现在也可以在家轻松看电影。虽然现在的优酷、爱奇艺等客户端已经有很多人成为会员付费观看电影，但是恐怕绝大多数的人还是习惯在客户端观看免费的电影、电视剧。当然，电影、电视剧变现的方式不只是收视率与票房这样的指标，广告植入等也是非常重要的收入方式。可是针对VR游戏、VR教育等内容，在没有被广大用户接受之前，广告植入这种方式是完全不能考虑的，那么又有多少团队能够撑得起高昂的VR内容制作成本呢？

◯ 免费内容模式在VR教育是否行得通？

在实际面临市场的过程中，我的确发现，很多人、很多公司都认定内容应该是免费提供的。有很多硬件厂商找到我们公司，让我们先免费提供内容，然后以分成的形式合作。坦白说，每次面临这样的需求和提议，我总有种"对方想空手套白狼"的感觉。内容厂商固然可以丰富硬件平台的资源，而硬件本身先不收取任何费用，只要由用户埋单，硬件赚到钱之后再分给内容厂商。这种方式在游戏行业或许会好一些，毕竟用户习惯更好培养，游戏更容易让人着迷，更容易让人连续埋单，尤其是形成了一定的用户量之后的购买道具等方面的收入增长。可是对于 VR 教育内容来说，"养成类游戏"的模式很难行得通。如何让某个人在体验完内容之后再在 VR 头显设备内针对同一个内容进行二次付费？除非这个内容再更新或者是有深入的研发投入和增值服务。那么就导致了一些连锁性问题：后续投入是多少？变现速度有多快？针对哪个硬件做适配？我的投入和产出是否能呈正比？

◯ 呼吁：支持原创，鼓励购买优质内容

大家愿意为去培训机构上一堂课埋单，只要他们觉得，有老师真的花时间讲了一堂课，无论时间长短，有一点效果就会埋单。因为我们知道，学校或者培训机构请老师会花钱，实际的教室要租金，水电桌椅等都是运营成本。可是，如果这个课程放在网上，有多少人还愿意再去埋单？针对同一堂课，同一个老师，能节约你往返到学校的时间和交通成本，我相信，只要这个课程有免费的，没有人愿意付费去观看，哪怕这个费用远比实际跑去听课低。你可能会说，这个课程可以少收费，只要用户多了，就可以比实际听一堂课赚得多。这个就是互联网教育的思维了。可是，这个针对 VR 教育是否行得通呢？至少到目前为止，我还没有看到哪家公司把自己花了几十万元制作成本的内容免费摆在 C 端市场，让用户直接免费体验。如果真的有，或许也仅仅是一个体验内容的放出，再多的免费内容，估计就还是那些"家底儿丰富"或者"有投资人撑腰"的公司了。所以，从 2016 年 10 月开始，我就听到许多 VR 行业的人呼吁：去 B 端市场赚钱。大家把希望都聚焦在 B 端市场上，

也就是行业应用，这里面当然包括教育。

我也希望通过这本书，让大家了解到制作 VR 内容的不易，并呼吁大家前期支付一定的费用来鼓励初创团队更专心地生产制作内容，这对学生、对老师、对学校等诸多方都有极大的好处。

第三节　踏实做好内容才是突破

2016 年的 12 月在国家会议中心举行的智慧教育展，对我来说意义重大：一方面，前来参展的大部分学校领导、教师和其他用户（在对比各种 VR 内容之后）对我们做出了极大的肯定；另一方面，我也清楚地意识到了很多 VR 教育界的"同行"拓展市场的"策略"。展会上，在跟一个北京某著名高中的老师交流时，他提到，他认识另一家做 VR 教育的公司已经可以提供 700 多个 VR 资源，并且每一个都是 3D 场景建模的，里面的所有内容都是 3D 的。我问他，您都看了吗？他说我看了一个。对于这种情况，我当然不能断定他听说的这家公司在这个数字上夸大，毕竟我没有真正体验到他们的资源。但是从一个真正踏实做 VR 内容的公司的角度来分析，如果全部都是 3D 建模的话，恐怕光制作成本就已经很惊人了。按照最保守的估计，哪怕是一个内容制作成本为 10 万元，700 多个内容制作下来也要 7 000 万元的投入。按照百人左右的团队规模、以最快最省力的团队沟通方式来计算，这 700 多个 VR 内容恐怕得两年以上的时间才能完成。而在公司实际运营过程中，所有的细节和沟通，以及修改，反而是最花费时间的。

所以，我在这个教育展会上得到的绝大部分反馈是，很多公司做的内容都是一样的，大同小异。而我们公司的产品独树一帜，不仅创新，而且真正地解决了学生学习和教师教学的痛点。听到这样的反馈和评价，我才真的意识到，作为初创团队，在没有大量资金的支持情况之下，我没有办法去跟"大公司"们在数量上拼，只能从质量和创意的角度取胜。只要坚持做好的内容，一定会得到市场的认可。

其实在制作过程中，坚持原创性，在前期大部分人的认知是"内容应该免费或者是低价"的情况下，没有足够的资金真的是很艰苦。但是，正所谓"梅花香自苦寒来"，如果钱很容易赚，随便生产出一个内容就有人埋单，那么，随后行业内产出的内容质量就难以保证。短时的利益会使很多团队挤破头去"捞金"，而一旦供过于求，就会出现很多"鱼龙混杂"的现象，因而会给行业的整体形象抹黑。而只有经历了用户长时间验证的内容，才可以存活下来。

还记得2014年的时候，明星真人秀节目大行其道，这时一款原创文化类节目《汉字英雄》（见图3-2）在河南卫视播出，引发了受众与学界广泛好评。《汉字英雄》在同类节目中收视率第一，在同档期节目中全国收视率排到了前三，像这种文化类节目能与当时盛行的真人秀节目一争高下并取得如此好的成绩，很大程度上归功于其内容精良，不乏创新。《汉字英雄》之后，涌出一批同类型节目如《成语英雄》《中华好诗词》《最爱中国字》等，在社会上掀起一股文化潮。然而，《汉字英雄》第三季播出后，收视率却大幅度下滑，社会影响力和网络热度都远远低于预期。造成这种现象的主要原因是：节目形式单一，内容一直沿用前期的模式，对传统文化根源发掘与利用不够。可以说，《汉字英雄》成在内容创新，失在创新力度不够。

图3-2 《汉字英雄》节目的宣传图

由此可见，在这个同质化严重的大环境下，唯有优质地创新才能取得自己的一席之地。但光有好的开头是远远不够的，我们需要持之以恒地精益求精。提升内容的品质必须具有持续性，稍一疲软，就可能"失之千里"。

21世纪是信息化时代，网络的发展颠覆了很多传统行业。比如，网媒颠覆了纸媒，自媒体颠覆了传统媒体，但是这些都是媒介的改变，并没有改变媒体的本质——内容。古人云："皮之不存，毛将焉附。"没有优质内容，一切都是空谈。而对于内容制作团队来说，尤其需要推陈出新，不断提供精益求精的优质内容，才能在这个充满竞争与压力的环境中求得生存与发展。

探索篇

第四章
VR + 教育，优势在哪里？

VR+教育，在很多人眼里是一片广阔的蓝海。在这里，大家看到了VR的颠覆性，看到了真正的"未来教育"。那么，VR的优势到底是什么？在本章第一节中，我先探讨一下VR技术带给课堂的几大优势，并从几个不同的角度对这些优势进行详细的分析。

第一节 问题：VR到底是"锦上添花"还是"不可或缺"？

对于目前课堂的创新教育模式（详见第二章第一节），相比传统课程，很多都是颠覆性的，都是科学技术带来的巨大改变。而VR也正是这样的一个颠覆性技术。然而，在推广VR课程的过程之中，我们发现很多老师都会问同样的问题：这些课程必须要通过VR来实现吗？我是不是放PPT和一段视频就可以解决了？那么，VR就是"锦上添花"而不是"不可或缺"。

下面我从学校、教师、学生、家长四个层面来分析一下，VR在哪些方面"不可或缺"，以及VR教育的优势可以体现在哪些方面。

○ VR之于学校

VR成为学校的办学特色

由于VR科技这种特殊的手段，除了带给学生身临其境的感受外，更让学生从根本上热爱学习，从而提高了学生的学习兴趣和学习成绩。目前，真正将VR纳入常规课程的学校寥寥无几，大部分仅仅是demo课程（试验课）

或者体验课阶段。然而，VR 是可以成为学校的办学特色的。若学校促使教师主动使用 VR 技术进行教学课题研发、教学尝试，进而得到有效的教学成果，那么将有助于学校树立科研、教学改革等多方面的带头形象。

VR 助力校际发展

学校在 VR 课程方面取得一定的教学成果之后，可在盟校、兄弟学校进行互帮互助，共享资源，促进学校之间共同分享并进一步提升 VR 这种创新教学模式给教学带来的颠覆效果，进而形成学校与学校之间共同学习、共同促进、共同发展的良性循环。而在兄弟学校的帮扶方面，也可以通过 VR 这种模式，把学校最先进的课程引入兄弟学校，进而在资源上帮扶兄弟学校提高教学质量。

VR 有效提高学校师资综合水平

新的技术的引入，会帮助学校教师提升自己的教学水平，更主动学习创新的教育技术，提升教师的科研水平、学术探讨、交流等方面能力，大大地提高学校教师之间的良性竞争与合作，提高学校整体师资实力。

○ VR 之于教师

VR 促进教师提高自身教学和科研水平

通过 VR 这种新的技术手段，勇于创新的教师可以使用 VR 课程，进行各种课堂尝试，并参与到 VR 课程的策划中来，发表学术论文，提高学术水平和教学实力。同时，先进的教学手段、科研水平，将促进教师结合自身的教学情况进一步发散和创新，给课堂教学带来更多的新鲜感和乐趣。

VR 呈现平面教学手段无法展示的内容

在教师的教学过程中，经常会遇到这样的情况：讲了半天，学生目光呆滞，面无表情。因为很多内容是语言无法表达，而图片展示又"差了一点火候"，那么，教师就可以通过 VR 来展现。比如，教师在讲解宇宙之间天体是如何运转的，单纯看图片，可能很多学生还是感觉不是很清楚。但是，让学生使用 VR 设备，让他们看到星球在身边旋转，跟星球之间发生交互，便可以省去教师很多的语言，进而达到事半功倍的教学效果。

VR有效给教师进行课外减负：节省备课和批改作业的时间

在课堂之外，VR也可以有效地节省教师备课和批改作业的时间。这是因为VR这种方式可以大大地降低知识点记忆的难度。很多内容都可以通过VR让学生轻松地记住，这样在作业方面，更多的是让学生动手或者是探讨等综合实践类任务型作业，而不是大规模地抄写等机械式的作业。以英语学科为例，很多英语教师会给学生布置单词抄写的任务。如果学生在课堂上已经完全记忆了这些单词的抄写并学会灵活地运用单词进行表达，教师就不必布置此类作业，更不必花费过多的时间对这类型作业进行批改。

VR有效阻碍课堂干扰

小学生由于思维非常活跃，在课堂教学中，特别容易受到各种干扰。比如窗外小鸟的叽喳声，操场上的喧闹声，课堂内其他同学的碰触等因素的干扰，都可能让小学生出现"走神儿"的现象。

学生的思维特别容易跟随外面的各种因素而飞到九霄云外，通常教师需要用各种方法集中学生的注意力。那么VR就是杜绝了外界所有的干扰，让学生集中精力在教学场景内。又由于VR场景内的剧情设定和其他元素的设定给学生足够的视觉和听觉冲击，学生的注意力就可以完全集中在VR的课程体验之中。

○ VR之于学生学习

VR提高学生的学习乐趣，有效缩短学生与知识之间的距离

VR是360°的、3D的、科幻的高科技。这种高科技，让学生觉得触手可及，既虚拟，又真实。学生体验VR本身就是一种乐趣，哪怕这种体验中有很多学习的内容，他们都觉得非常好玩。学生的学习乐趣可以通过VR大幅度提升。在我展示我们公司的VR课程的过程中，小学生往往发出各种欢呼声，不由自主地要"触碰"场景内的事物，脸上都洋溢着笑容。体验VR课程之后，学习不再是抽象的，而是具体的、快乐的、真实的、生动的。

VR 帮助学生减负

在 VR 给教师带来的好处中,我提到,由于使用 VR,教师课堂效率提高,布置作业方面就可以减少很多"抄写"类的机械式作业。这样,学生就可以做到真正的减负,用更多的时间完成更有乐趣的任务型作业。比如,英语类的任务型作业就可以是课外小组讨论,编排表演英语短剧、小品等。而学生通过课堂的学习,完全记住知识之后,就可以更快地运用相应的知识来完成任务型作业,减轻课业负担。

VR 帮助学生理解抽象内容

我在前面提到过,VR 可以帮助教师来讲解抽象的内容,对于学生而言,就可以更好地理解教师通过 VR 展示的抽象内容。对于我这种文科生(其实高中的时候我是理科生),很难理解很多抽象的科学知识。比如细胞里面是什么样,人体的构造等,VR 就可以帮助我们进入细胞内、血液内,来了解各种细致的构造。对于理科生来说,又很难理解很多过于文学的、抽象的感受类的信息,他们的这种想象力往往会差一些,那么就可以通过 VR 将学生带入这样的抽象场景中,理解并记住各种知识点。此外,对于语文、美术、音乐等学科,因为自身的经验所限,无法理解教师所要传达给他们的感受,学生也可以通过 VR 进入真实的场景中,来理解抽象的教学内容。

VR 可以提高学生的学习主动性

一方面,VR 带给学习很大的乐趣,让学生主动学习;另一方面,VR 具有交互性,又可以让学生觉得可以跟虚拟的世界产生各种联系。当学生看到某一个感兴趣的内容,在课程预先设定好的情况之下,可以跟这个内容发生交互。如,让学生身处在一个宇宙空间,通过交互提示,学生可以登陆到某一个具体的星球。这样可以让学生主动地探索 VR 场景内的内容和知识点,而不是被动地接受知识。

VR 有效地让学生利用碎片化时间

因为 VR 课程本身的体验一般都是在 10 分钟以内,不宜过长,那么学生可以有效地利用碎片化时间进行学习。在回家休息、等着吃饭等空闲时间,学生可以戴上 VR 头盔，利用几分钟时间记住知识或者是进行复习，从而养成有效利用碎片化时间进行学习的好习惯。

○ VR之于家长

VR 带来更多的亲子互动

VR 教育，不仅仅局限在课堂上。其实，学生只要有 VR 设备，哪怕是 VR 眼镜，用家中的手机，也可以体验很好的 VR 内容进行学习。家长可以跟学生一起体验 VR 内容，共享亲子间的互动。家长不仅可以给孩子讲解里面的知识点，还可以增加跟孩子之间沟通的共同话题。

VR 不用家长"逼"孩子学习

因为孩子们对于 VR 有兴趣，他们回到家，就可以主动地使用 VR 进行学习。另外，由于通过 VR 可以提升学习效率，学生对于学习不再是惧怕和逃避，而是主动地学习。这样，孩子不需要父母的督促才完成作业。他们回到家，完成的是教师布置的、有趣的任务型作业，当然不需要家长的监督和"逼迫"了。

VR 帮助家长省钱

很多传统课堂的学生，由于老师课堂上讲的东西听不懂，要在课外（平时晚上和周末）进行大量的课外补习。而培训机构的费用往往高得惊人。很多家长也会高价请"家教"专门到家给孩子上课。这种一对一的费用，一方面价格非常高；另一方面"家教"的水平良莠不齐，如果请的是名师到家，那就更是一般家庭难以承受得起了。对于家长来说，花高价给学生送到各种培训机构或者是请"家教"，孩子往往还是被动地学习，没有时间休息，更没有时间进行各种娱乐性互动，这样就形成了"课上听不懂，课后花钱补"的习惯，不仅浪费了大量的时间和金钱，而且不利于孩子的身心发展。而通过 VR 教育，学生提高了课堂学习效率，就不用再花钱让他们参加这样的课外补习班了。

简言之，VR 对于学校、教师、家长和学生的很多积极影响（具体的影响总结见图 4-1 所示），都是由于 VR 这种新技术自身的优势而在各个方面形成积极的连锁反应，进而真正地提高了教师的课堂教学效率。这样做到的是学生和教师减负，学校开心，家长放心。VR 教育不仅可以给学校、教师、家长、学生这四个层面都带来巨大的改变和颠覆，更可以给整个教育界带来非常积极的影响，其中特别显著的影响就是教育公平。关于教育公平，我会在第五章进行详细的阐述。

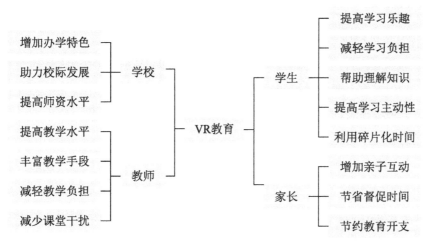

图 4-1　VR 教育对学校、教师、家长、学生的积极影响

第二节　身临其境——VR 带给教学的重大意义

　　VR 的一个最大的优势就是身临其境。身临其境使学生可以进入立体的、抽象的世界。VR 可以把"周围"的世界变得无限小，让体验者感觉众生就在脚下；VR 可以把一切变得无限大，让体验者进入微观世界；VR 可以去除周围所有的干扰，让体验者就身处在他想去的空间……在教学方面，使用 VR 可以让学生体会微观世界，上天入地，遨游太空。VR "身临其境"的特点，应用到教学当中，就是我们常说的"情境化教学"。

○ 情境化认知与情境化教学

自从 20 世纪 80 年代以来,情境化认知理论已成为学习理论领域的一股重要力量。

情境化认知是通过建立情境来使学习者可以从一种情境迁移至另一种情境。

情境化认知的主要观点如下所述。

(一)知识观

知识观认为,知与做是不可分离的,知识就是在情境中通过活动而产生的;知识本质上要受学习和运用知识的情境的影响;知识不是完全客观的,而是一种心理表征或共识,是实践的共同体写上构建的产物;知识不是需要记忆的事实,而是一种能在新情境中加以运用的工具。

知识的展现绝大部分是要通过具体的事物在具体的场景下。我们不能将知识和实践分开。事实上,通过在具体的场景下进行实践获得的知识是更容易让学生记住的。正所谓"实践出真知",通过实践获得的知识,对于学生来说:一方面更加容易理解;另一方面更加难忘。

(二)学习观

学习观认为当学生沉浸在一个问题情境中,并且在情境中获得知识和技能及其应用规则来解决问题时,有效的学习才能发生。

传统的课堂过多地强调了知识的被动接受。而在具体的情境中,学生可以做到不用刻意地去学,但是可以更轻松地记住知识,更能够主动地去发现问题。比如把学生放在一个多媒体教室,哪怕是没有教师的指导,很多学生也可以自己探索,研究具体的设备如何操作。一旦某一个设备出现问题,学生可以做各种尝试来判断究竟是什么原因导致了设备无法使用。

(三)教学观

教学观认为教学必须将学生放置在特定的社会文化情境中,借助于日常生活中的活动来进行。情境和活动都应当是真实的,要与学生的生活经验、现实世界紧密相连。

英语教学就是特别好的例子。对于很多中国学生来说，学校上课学英语，课外补习，各种练习，都是强化英语的学习。但是没有实际的情境，学生很难学得会。如果把学生放到具体的语境中，学生会学会自己适应环境。在这个过程中，教师从旁进行指导，就可以达到事半功倍的效果。

情境教学是由英国语言学家在20世纪中叶发展起来的，核心在于激发学生的情感。

情境教学实际上就是教师在课堂教学过程中，以学生自身的爱好、心理、年龄、成长需求为出发点，构建出一些具有创新性的、生动形象的情境，以此来促使学生能够对相关内容产生共鸣，进而提升教学效果的教学模式。

2012年教育部颁发的《义务教育英语课程标准（2011年版）》明确指出，教师要重视语言情境在小学生英语学习过程中的重要地位，充分发挥语言情境在帮助学生积累生活和学习经验、激发学习兴趣、挖掘学习潜能、降低学习难度、提升运用能力等方面的重要作用，努力创设接近生活的多样化语言学习情境，提高课堂学习效果。

而对于小学阶段情境化教学的运用，有很多老师都在小学语文课堂进行了尝试和探索。语文情境教学的特点是：

（1）形象逼真；

（2）情深意长；

（3）知、情、意、行合一。

教育专家黄维维在《情境教学对提高小学语文课堂教学有效性的影响》一文中，提出三种情境化教学在小学语文教学中的运用方法。

1. 创设情境，激发学生学习的主动性

小学语文教学主要是以语言文字为媒介，对于学生来说比较抽象、枯燥，而且乏味难懂。教师在课堂教学中，可以通过图画、音乐等艺术方式帮助学生建立意境，激发小学生学习的主动性。该文中，作者举的例子恰巧是《只有一个地球》这篇课文，老师找到银河、天体、宇宙的图片和资料跟学生一起欣赏。这样学生可以非常开心地去了解银河系、了解宇宙。

2. 追求"美"，激活学生的审美情感

情境教学有6种具体形态：图画的再现、音乐的渲染、表演的体会、语言的描绘、生活的展现、实物的演示。把孩子的内心情感跟他们熟悉的事物建立起联系，可以加深孩子们对内容的情感体验，进而培养孩子对美的欣赏能力。

3. 创设和谐的课堂教学氛围

采用情境教学，教师和学生之间需要建立起一种"亲、助、和"的人际情境，形成师生之间最佳的情绪状态，这样学生可以更好地进行课堂学习。

在小学英语的教学中，也有很多教师做了情境化教学的尝试。黄碧华老师在《小学英语有效情境教学"三步曲"》中提出了如下做法。

1. 充分利用文本情境，帮助学生感知理解新知识

黄老师举了一个教师在区级研讨会上做公开课的例子。教师在一个文本的讲解过程中，没有结合学生自身的经验而直接做句子的练习。在没有对英语句子良好的理解的前提之下，学生的学习效果很差。教师需要在授课过程中，把文本的情境充分地展示出来之后，基于学生对于文本情境的理解再做进一步的练习或者是其他教学活动安排。

2. 充分利用课堂情境，帮助学生巩固掌握新知识

教学过程中，教师除了运用文本情境之外，更应该有效利用课堂现有的情境资源为教学服务，大大地激发学生的学习热情。比如利用部分学生的积极踊跃发言，起到很好的铺垫和带头作用，巧用课堂氛围来帮助学生建立正面的、积极的课堂情境。在我的 VR 课程的教学过程中，当一些学生可以主动地在戴着 VR 头显设备做笔记后，其他的同学立刻积极"模仿"，都锻炼出了"盲写"的好能力。一旦教师发现这种正面的例子，就要对相关的学生进行表扬和激励，这样可以更好地调动起所有学生的积极性。

3. 积极创设真实的生活情境，提升学生的语言运用能力

《义务教育英语课程标准（2011 年版）》提出，教师要为学生的语言学习创设贴近实际生活的情境，引导学生在情境中运用语言，发展语言运用能力。而教师在课堂教学中创建的情境越接近真实生活，就越会帮助学生理解、记忆并运用语言。这个不仅对小学英语教学有帮助，对其他语言的学习，包括母语的教学都有极大的益处。

○ VR如何有效地促进情境化教学

VR可以使人身临其境,它能通过先进的技术、合理的配乐,真实地还原各种场景,让学生可以真切地感受到进入了各种不同的情境之中,帮助学生对于各种知识进行理解、记忆、操作,这是VR带给情境教学的重大意义。

VR可以在如下几个方面给情境化教学带来更好的实施手段。

第一,VR可以给学生展现出比传统教学手段更加真实的情境。

VR将学生展现在360°的情境之中,让学生在这样的环境里"无处可逃"。比如上文提到的《只有一个地球》这篇语文课文,在学习时,通过图片和视频的展示远远不如VR带来的效果。在VR体验中,学生会觉得星球和银河系就在自己身边,触手可及。VR给学生遨游太空、置身于宇宙空间的感受。而这种感受,如果有外界任何其他的干扰因素,都会大大地影响到学生的情感认知和对知识内容的理解程度。

第二,VR可以帮助学生理解抽象的情境。

很多内容是非常抽象的。教师在备课过程中,很难能找到合适的图片或者是视频展示。而通过VR针对这些抽象的场景做出对应的情境,可以帮助学生更好地理解。比如我们公司做的一个范仲淹的《苏幕遮·碧云天》,通过水墨画的意境,将诗人思乡的感受淋漓尽致地展现出来。凡是体验过的语文老师都觉得非常棒,因为它真正地做到了"诗中有画,画中有诗"。还有一个同行体验完我们做的这个内容之后感慨到,自己看得快哭了。如果这种意境单纯用图片来展示,很难能实现同样的效果。这种内容,有经历的人看了之后很快就会找到共鸣;而没有经历的学生看了之后,就会立刻被情境所吸引,随即理解诗人要表达的意境,进而更快地记住这首词。

第三,VR全景视频可以帮助学生进入更加真实的生活场景。

真实的生活场景,可以通过视频展现给学生。但是如果场景是2D的,就没有那么强的代入感。当然教师在教学过程中,可以通过让学生实地参观的方式帮助学生理解和运用知识。但由于时间和空间等多方面的客观因素的限制,教师无法带领学生进行实地参观,那么就可以通过VR全景视频完美地还原情境。比如,北师大版本的小学英语课文中提到的国外生活场景的内容,教师没有办法带学生直接去国外,却可以通过VR展示的全景视频,让学生戴上 VR 头显来感受当地民风民俗、语言语用等。

第四，VR 可以帮助教师更有效地建立正面积极的课堂教学情境。

我在一个学期的 VR 课堂教学中，对通过 VR 来建立正面积极的课堂教学环境方面感受颇深，因为很多学生在使用 VR 头显的过程中，会实时地拿笔记下知识点。最初只是一两个学生这样做，但是很快地，所有的学生（不论是学霸还是大家眼里的普通学生），都会非常努力地记下每一个知识点。而在教学互动环节中，所有的学生都积极地回忆之前 VR 课程里面展示的知识点，生怕漏掉某一个。VR 在这个方面可以非常好地帮助教师建立一个积极的、快乐的氛围，让每个学生都能参与其中，让每个学生都觉得被重视。这样可以极大程度地提高学生的学习动力和课堂参与程度，进而有效提高教师课堂教学效率。

第三节　VR 交互：可以触碰的教学内容

○ 什么是VR交互

VR 交互指的是在 VR 系统中参与活动的对象与系统的其他对象或物体进行相互交流，产生双方面的互动。比如用户在虚拟环境中向某个虚拟角色做出招手动作，该虚拟角色也会向用户做同样的动作，这便是一个有效交互。

虚拟现实与传统 3D 根本的区别之一在于沉浸感，而交互则是虚拟现实最为关键的特点之一。尽管没有交互的虚拟现实也能做到沉浸感，但称不上真正意义上的虚拟现实。虚拟现实的目的是将人的存在感模拟到一个虚拟的环境中，而如果没有交互，那么用户在这个虚拟环境中的存在感是非常弱的。所以，交互可以称得上是虚拟现实的灵魂。

国外通信理论与研究博士乔纳森·斯图尔（Jonathan Steuer）在《传播学刊》中发表的《定义虚拟现实：维度决定临场感》（*Dimensions determining telepresence*）一文中指出，VR 交互依靠三个要素来实现：速度、范围与映射。

速度，即将用户的动作数据纳入电脑模型中的频率；范围，即用户任一行为能导致多少种可能的结果；映射，即 VR 系统根据用户的行为产生自然结果的能力。

导航可以称为交互的一种，比如用户能在虚拟的环境中自主决定自己行动的方向。但如果仅仅有这一个交互元素，那么只能给用户带来有限的交互式体验，用户在这种虚拟环境中探索的时间一长便容易感到无趣。而真正意义的 VR 交互除了导航外，用户还要能对虚拟环境做出改变，即虚拟环境要能对用户的行为做出合理的反应（尽管很多时候这个合理是相对于这个虚拟环境而言的）。比如虚拟环境中的一汪水池，走进水里会泛起涟漪，跳进水里会溅起浪花等。

当然，上述真正意义上的交互只是相对于给用户带来至高沉浸感而言。而实际应用中要考虑到成本、应用目的等综合因素，因此做的 VR 交互深浅也会不一样。比如 VR 教学应用，目的在于集中学生的注意力，并将知识更有效地传输给他们，过度的 VR 交互反而容易分散学生的注意力而起到适得其反的效果。而由于目前的技术和空间的限定，在课堂上使用 VR，由于学生大部分是两个人挨着，且座位之间的距离太近，如果使用手柄或者是手势控制等交互操作方式，很可能带来很多误操作或者是危险状况。所以，针对目前的技术条件和空间条件，相对"轻"的交互方式最为合适。

○ VR交互相对于VR教学的意义

VR 教学相对于传统教学的优势之一便是能将所有学生置于一个同等的沉浸式教学环境中，让学生能够更加专注和高效地学习知识。但仅仅是有这么一个环境显然是不够的，VR 交互便是让 VR 教学真正"活"了起来。

一方面，交互能让 VR 教学更加有趣。这是一个显而易见的道理，就好比一辆不会动的玩具车和一辆会动的玩具车，后者对孩子的吸引力更大一样。VR 交互的存在让教学内容更加生动，而学生对于有趣的东西是从来不抗拒的。

另一方面，VR 交互能充分满足学生的探索欲和好奇心。学生在 VR 教学场景中不同的行为会解锁不同的知识，让学生在探索过程中学习，而通过探索得来的知识往往是记得更牢固的。

○ 交互的种类

在虚拟现实技术的应用中,对于交互的分类现在还没有一个权威的方法。在这里我们暂且可以将交互宏观地分为主动交互与被动交互、显性交互与隐性交互,就是用户是否有意识地主动产生交互行为,以及是否产生明显可分辨的交互性行为。此分类方法是由我公司的联合创始人李昂提出的,具体可以通过表4-1来理解。

表4-1　我公司联合创始人李昂提出的交互种类的四分法

	显性交互	隐性交互
主动交互	有明确提示,通过有主观意识的行为触发的交互,如查看、确认、开启等	无明确提示,通过主观意识行为触发的条件反射性交互,如摔落地面后杯子会破碎
被动交互	有明显提示或效果,非主观意识行为、无触发的交互,如气候变化、物体的物理特性、材质触感等	无明确提示,非主观意识行为、有触发无明显反馈的交互,如故事线、成长度、逻辑思维能力等

(一)显性交互

主动交互又可分为头部交互、全身交互及真自由式交互三个阶段。其中头部交互是虚拟现实技术中最初级的交互,即通过头部移动控制准心对程序编辑好的内容进行有特定条件的互动回馈。这种交互是基于目前的课堂空间和硬件水平的条件,相对最为合适的课堂教学交互方式。VR内容制作中常用的聚焦互动,是当用户佩戴VR头盔后,眼前的虚拟空间中会使用一些触发提示点来告诉用户,这些内容可以被触发,这种交互常用于没有触控板、控制按键的普通VR眼镜的内容中。用户将眼前的准心对准触发点后,会产生相应的固定命令交互动画。比如当用户用准心碰触一个门板把手上的触发点后,如果满足开门条件则门会自行打开,反之亦然。这种交互形式方便易用,可以应用在已知的所有虚拟现实显示设备中,及所有场景触发需求中,但缺点是交互相对固定、交互内容单一、存在感较弱。适合简单的线性内容的交互使用、游览式内容的展示、简单的空间移动等,例如提示、固定动画类情景的交互、向固定方向移动,但特别要说明的是使用该种交互方式会造成严重的眩晕感。

全身交互，即借助外部设备模拟空间行走、物品抓取、高度感知，甚至到触觉、嗅觉、味觉以及力反馈等涉及全身的虚拟交互，这个阶段则是虚拟现实交互的高级阶段。在实现了全身交互的情况下，用户在虚拟世界中才会有更加真实的存在感，这并不是头部交互可以比拟的。试想下，当你睁开双眼后看到的是自己进入了一个陌生而神秘的世界，你可以用自己的双脚走向任何你看到的地方，你可以用双手去抚摸一切事物并感受它们的触感和材质，可以感受到微风吹过脸颊时的轻柔，可以闻到鲜花与美食的香气，可以品尝到事物被赋予的味道，甚至在你跳下高墙的时候可以体会到失重感与落地时候大地给予的反作用力等。为了实现这一高级交互体验的目标，很多硬件外设商在做着类似的尝试，比如HTC Vive就在尝试通过空间定位实现小范围的平行移动及高度感知，以及模拟双手对场景内事物进行抓取、释放等简单的动作；国外公司Omni就设计并生产出了一款可以"大范围"移动的万向跑步机，在虚拟空间中可以向360°任何方向进行奔跑以及做出跳跃动作等；还有很多公司做出了力反馈服装，以模拟被拳头或子弹击中的感觉；更有一些公司通过机器视觉来抓取人手的影像以投影到虚拟世界中，让使用者可以真实地"看到"自己的双手在虚拟空间中的动作。当然要获得这些设备是要付出很大成本的，每一件外设装备的费用少则几千元，高则几万元。不过我相信，在不久的将来，在科技飞速发展的推动下，虚拟现实的最终极阶段"真自由式交互"可以实现。

真自由式交互即没有任何条件限制，这是虚拟现实世界最理想的交互状态，也就是将使用者的全部身体完全投射到虚拟世界中，使用户在虚拟世界中可以感受到现实世界所能感受到的一切。使用者可以在虚拟世界中看到自己的全部身体，可以感受到身体每一处都应有的感觉，比如当天空下起雨时可以感觉出雨水将衣物打湿的冰凉，在风沙中细沙刮过脸庞钻入衣袖的不适感等，就如同很多科幻影视、动漫作品中描述的世界一样。《骇客帝国》这部家喻户晓的科幻电影就是将人类的意识投影到虚拟空间中，通过一根插入颅内的机械导管刺激大脑内相应区域的神经组织，得到真实世界中肉体应有的触觉、听觉、嗅觉、味觉、视觉以及心理上的满足感。再如日本的动漫作品《刀剑神域》中描述，将人类的脑电波抓取并在虚拟游戏中构建自己的身体,玩家们在游戏中感受到的冒险、战斗以及恋爱等都如同真实的生活一样,他们会受伤甚至死亡。这就是虚拟现实交互的最理想状态,也是最终极阶段。不过这个阶段还处于理论阶段,要想实现这一理想状态还需要很长时间的技术积淀。

上面我们说的头部及全身交互都属于显性的主动交互,即可以被识别并产生主动交互的行为。显性主动交互的特点是在用户进行交互时有明确的目的性及指向性,有明确触发或可被明显感知的交互反馈。而真自由式交互则包含显性主动交互及显性被动交互,显性被动交互则是用户在进行虚拟现实体验时,在没有明确主观意识触发交互行为的情况下,系统对物品、环境等虚拟内容进行改变后与使用者产生的交互。而显性被动交互可根据范围及物体的大小,分为宏观性交互与微观性交互。对于宏观的显性被动交互,我们可以理解为虚拟情境下"世界范围内的"与"自然环境范围内的"两种。

世界范围内的显性被动交互即故事线脉络的明显提示,比如你处在一个虚拟的魔法世界中,这个世界正在进行一场变革的重要历史节点中,而根据你在游戏中的时间进程则会经历不同的情节穿插。比如你走在《霍比特人》的虚拟世界中,这时一群矮人从你身边冲过,而你眼前的天空中正有一条巨龙口吐着火球向这边飞来,如果你站在原地不动,不是被火球炸飞就是被矮人撞飞,不过你还可以跟着矮人们一同逃跑。或者你是在临近的城市中听到或看到了相关的信息,这时全世界的人都在组织人马去讨伐这条火龙,虽然你可以决定是否跟随故事发展给出的条件进行选择,但只要时间在延续,这种故事线脉络的交互就在持续地前进中。玩家们只能被动地接受该故事情节发展后所带来的一系列连锁反应,如货币贬值、粮食短缺、怪物等级提升等显性被动交互。

环境范围的显性被动交互就比较好理解了,即自然环境的变化对用户产生的被动影响。如春夏秋冬带来场景动画的变化;风雪、大雨带来的道路堵塞、桥梁垮塌;道路、河流结冰影响的平衡性与移动速度;在森林中开枪会将栖息的鸟群惊飞等连锁效应……这些被动因素将给体验者带来交互性的体验。

微观方面的显性被动交互则更多地体现在用户直接感受的被动交互上,当我们用手去触摸不同材质的物体时,物体会给我们的双手回馈出明显的材质信息,而这些信息却不会因为我们的主观意识所改变。如雨水打在脸上湿湿的感觉、走入水中会荡起涟漪、风雪遮挡住了视觉等,都是以用户为主体的微观范围内的有明显提示或效果的交互体验。

(二)隐性交互

隐性交互即不会被使用者明显辨识的虚拟现实交互手段,意在对使用者心理层面进行潜在影响。隐性交互也是可以通过主动与被动两种交互方式来区分的,主动的隐性交互可以简单地理解为将显性交互中的明显特征隐藏起来,以达到出其不意的体验效果。

1. 主动隐性交互

主动隐性交互中比较初级的做法是,通过技术手段,将显性交互目标内容的明显交互特性隐藏起来,制作成为无明显触发机制的隐藏条件触发式交互。比如某些VR内容中的场景,为了不影响情节内容的发展情况,在只有当用户无主观意识地环顾四周环境,恰巧将视角转到了相应的触发位置时产生特定的场景信息回馈,诸如信息提示、动画特效等。在一次交流活动中,一位资深VR影视内容开发朋友就分享过这样一个交互场景,在一段逃跑的故事情节中,当镜头向前方移动时为了给观看者一种心理上的紧迫感及恐惧感,他们就使用了隐性触发交互和跟随情节进程的显性交互两种方式。当用户观看此VR内容时,在剧情展示的过渡阶段,为了保持连贯的紧张感与迫切感,周围的环境在用户"不经意"的环顾时会出现倒塌、腐烂、掉落等动画效果。这种对交互的使用,可以有效地对用户心理起到明显且有效的暗示作用。不过这种手段只能在直观的心理活动区域产生影响,也就是我们说的恐惧、紧张、羞愧、兴奋、高兴等直观的情感方面。

主动隐性交互中较高级别的应用就是力反馈及场景或物品被主动碰触后发生的交互反应。比如走在雪地上雪会下沉并留下脚印、走在较深的水中和大风中人的行进速度会减慢、丢出去的玻璃杯在撞到不同材质的物体后会产生完全不同的反馈效果、用拳头打击不同材质的物体接收到的力反馈信息的不同等,都属于主动行为与场景或物体产生的无明显性提示及效果的交互体验。这是在虚拟世界中实现现实世界物理法则的应用,目的是让虚拟现实体验者在身体的生理感知中有更真实的感受,以达到通过身体欺骗大脑的效果。而现在已经实现部分效果的VR体验类内容就是结合实体设备,如蛋椅、骑马机、驾驶座舱等设备配合虚拟现实头盔，可以模拟较为真实的主动隐性交互反馈。

2. 被动隐性交互

被动隐性交互则与之前的所有交互方式有着本质性的区别，它是通过虚拟现实内容的各方面交互与体验，达到对使用者心理及生理全面影响的交互反馈。在虚拟现实使用者与虚拟世界产生明显交互的前提下，对用户在虚拟环境中的行为数据进行分析，再通过其他一系列用户产生的前置引导性主动交互行为，达到最终既定目标的连贯过程可称为被动隐性交互。

被动隐性交互与显性主动交互中的真自由式交互均为交互设计的理想阶段，只是前者以现在的科技手段在一定程度上是可以实现的。比如你在玩一款 MMORPG 游戏（大型多人在线网络游戏），里面的角色与任务可谓五花八门，小如帮隔壁王奶奶找回她的小猫翠花，大如参与国家之间的领土战争，每个任务的当前目标都不一样，但是不管完成哪个任务都会接到后续任务或连锁平行任务。而这些任务会根据玩家的能力、喜好等方面进行筛选，并通过激励与培养，逐步地将玩家提高到一个可以应对最终目标的水平，其目的就是把玩家引导向一个已经设定好的"最终目标"。再举个例子，比如美国的电影大片《惊天魔盗团》第一部中，魔术师们在拉斯维加斯某酒店内演出魔术时随机抽取了一位法国的观众，他被邀请上台参与一场穿越魔术的表演，在表演中他被要求写出自己的存款信息，并站到了一台巨大的机器上。当魔术师们表演魔术的一瞬间机器合并，法国人穿越到了他存款银行的金库中。这个魔术中的参与者看似是随机的选择，但是当这位观众还在法国朝九晚五地工作时，魔术师们就已经开始让他"被动"地接受了一系列的暗示，导致他最终做出从法国飞往拉斯维加斯度假并来到这个酒店观看节目的决定。抽取观众的时候，魔术师们将观众们选出的随机号码偷偷换成了法国人的座位号。而这就是某一层面意义上的隐性被动交互，因为用户并没有从主观上意识到他所做的行为和决定，而是在潜移默化的各种暗示或者指引的情况下做出的。

综上所述，交互对于虚拟现实的作用是十分巨大的。没有交互的虚拟现实体验是不完整的，且是没有灵魂的。只有将交互与内容有机地结合起来，才能真正体现 VR 的价值。

○ VR交互在教学中的应用

VR 交互的应用多种多样，而如何应用在教学中才能起到最好的效果，则是制作 VR 内容的一个重要环节。孩子们的天性是活泼的、好奇的、善于发现的，如果只是让学生们进入虚拟的环境中去观看是远远不够的，这等于是在抑制他们的天性，扼杀他们的创造力。但如果过分地依赖交互性的开发，又会使 VR 教育失去教育的本质，从而变成了一款游戏。所以如何有效地利用交互手段，提升教育效果，才是 VR 教育开发者们应该考虑的问题。

通过上面对于交互方式的介绍，可以看出现阶段有效的 VR 交互方式应用在教学中最好的效果是，结合显性主动交互中的头部定位交互、全身交互与隐性交互效果，在内容设计初期就考虑到如何发挥 VR 优势结合教学痛点的情况。比如当教师和学生们共同处于一个虚拟空间中的时候，老师通过头部交互与身体交互来为学生们展示教学内容中的参照物与情景，之后学生们通过自己的双眼与双手在这个完全仿真的虚拟空间中，对参照物与情景进行观察与分析，并得出自己的结论。经过"真实"地触摸、观察、丈量、比对等在教室中无法实现的交互后，学生们的好奇心与探索欲将被有效地调动起来，他们对于知识的学习会更加的迫切与积极。从另一个层面上来理解，人与其他动物的区别是我们除了脚以外还长出了双手，而教育应该是调动人的全部生理与心理特性的。书本中的知识固然重要，但只有结合身体上的经历才能更有效地对知识进行掌握，而学生们因为各种各样的因素没有条件也无法做到将学习内容都去亲身经历。俗话说"读万卷书，不如行万里路"，意思就是知识虽然可以从书本中获取，但更有效的办法则是在实践中得真知。而 VR 技术的发明便有效地解决了这些问题，通过各种各样的交互手段让学生在虚拟世界中身临其境地体验大千世界的无穷魅力，让学生在切身的体验中学习知识。

第五章
VR与教育公平

之所以把教育公平单独放在一章,是因为我觉得VR对于教育公平的促进大有帮助。对于教育公平的现状,我通过亲身的学习经历和教学经历来看,感触颇深,而"教育公平"本身也是我们国家教育界在努力改变和促进的理念。在本章,我会集中探讨我亲身经历的"不公平现状",寻找教育公平的出路,以及如何通过VR从很多方面有效地解决教育公平存在的问题。

第一节 教育公平的现状

提到"教育公平"这个概念,大家更多地想到国家对教育资源进行配置时所依据的合理性规范或原则,要符合社会整体的发展和稳定,符合社会成员的个体发展和需要。早在2000年前,我国古代的大教育家孔子就提出"有教无类"的朴素民主思想。国务院总理李克强在2014年《政府工作报告》中指出,要"促进教育事业有限发展,公平发展""要为下一代提供良好的教育,努力使每一个孩子有公平发展的机会""启动教育扶贫工程,实施农村义务教育薄弱学校改造计划"。

尽管"教育公平"是我国各级教育部门一直提倡的,但在实际操作过程中,教育资源配置不均衡、等级区分的现象屡见不鲜。学校被分为重点学校、重点班级,高校被划分为"985""211",以及"一本""二本""高职""高专"等。我们都知道"教育公平"不仅仅是一个口号,一个愿景,而是应该惠及所有的学生。

教育不公平的体现,不只是学校的分类,还有教师资源的配备不平等、不均衡,学生被划分在不同等级的班级,老师对某些学生的偏爱等的"教育不公平的体现"。

2011年10月,《中国青年报》社会调查中心通过民意中国网和搜狐新闻中心,对1 426人进行的一项调查显示,80.2%的受访者认为当前教育中"冷暴力"现象普遍存在,72.4%的受访者承认自己在上学期间遭受过老师的"冷暴力"。获选率最高的三种教育"冷暴力"类型:嘲讽挖苦型(70.4%),漠不关心型(69.7%),训斥型(66.1%),见图5-1所示。在学生接受教育的过程中,面临着各种各样的教育不公平的问题。我在学习生涯中(虽然在很多同学眼里我是"学霸"),同样经历过"冷暴力"。在本章节的大部分篇幅中,我都会以自己的视角来讲述一下我所经历的种种"教育不公平"现象。

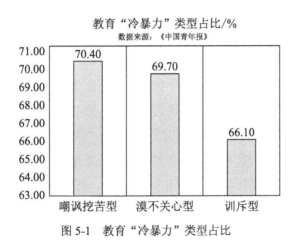

图 5-1　教育"冷暴力"类型占比

○ 我们随处可见的"教育不公平"——分班教学

记得我在初一期末考试之前,学校就开始疯传"分班"考试,最后班级要选出前50名学生进"优班"。这个优班会配备全学年最好的、最有经验的老师。把所有前50名学生抽出来,组成一个"自然班级"进行正常授课,很显然,这种配置的结果是进入"优班"的学生考取"重点高中"的是最多的。"重点高中"就是"重点大学"的敲门砖。当然,我得到了进入优班的资格。上高中的时候,学生和家长对于争取自身权益的意识要强很多,不过,也可能由于我进入的是一所市属重点学校(在哈尔滨,高中分为市属重点高中、省级重点高中和普通高中，每一个区都有自己的"省重点"和"市重点"），虽然在等级方面稍微"差"那么一点，但是家长对于学生的学习成绩、分班情况更加重视了。所以，在高二时期，学校并没有直接像初中那样"抽"出一个重点班级，但是，还会在一天的某个时段抽出时间，让学年前50名学生进入"优班"进行"特殊补课"。而且，每次考试都是前50名的学生才可以得到"特殊补课"的资格。每次考试，我都有这个"资格"在优班听课学习。那个时候，我每天拿着自己的"坐垫"在准点到指定的教室上课，心里面总有一种莫名的"自豪感"，似乎自己脑袋顶上就写着"学霸"两个字。当时，身为学生的我，只是想"拼命"保住自己的"资格"，也认为这资格是通过自己多少个日夜"挑灯夜战"赢得的，当然没有时间和精力去思考这背后所体现的资源不平等分配的问题。甚至，自私地讲，我觉得好学生就应该进入优班学习，这样同学们才可以相互促进。

工作后，我有接近两年的时间在北京一所国际学校担任高一年级的英语教师。需要特殊说明的是，国际学校的高中毕业生，一般不会努力去考取国内的大学，"211""985"不是他们努力奋斗的目标，而普林斯顿、哈佛、牛津这种全球知名的学校才是他们梦寐以求的"象牙塔"。所以对他们来说，高中三年考出优异的托福、SAT成绩才是至关重要的。刚刚进入这所学校的时候，主任就告诉我，学校会在期中考试之后，将学年的前30名学生抽出，组成一个自然班级成为学年的"拔优班"，让我担任"拔优班"的班主任，同时担任这个班级的"专业英语"授课教师。在这所国际学校，高一年级分为4个不同档次：拔优班（全学年的最优班）、精英班（仅次于拔优班，大概有4个班，还分为两个不同档次）、常青藤班（也就是成绩普通的班级，占有绝大部分的比例），还有一个让人最头疼的班级——普通班。普通班的学生似乎在脑袋上就顶着"差生"两个字。对我这么一个刚刚入职的教师来说，我需要同时面对的挑战是：担任"拔优班"班主任和专业英语教学；担任"精英班"的英语精读教学；担任"普通班"的英语精读教学。期中考试之后，我就成了一个不停旋转的陀螺，每天要备三种不同的课，用三种不同的教材（哪怕是针对同样的英语精读课，两个班级的教材也是不同的），还要对"拔优班"的学生进行日常班主任管理工作。在管理学生的过程中，我发现，很多学生都觉得自己是"最优秀的"，拒绝花费时间在每天的打扫卫生方面。

身为班主任，我每次都要在学生放学之后亲自盯着他们把卫生做好。如果少盯一次，结果很可能就是卫生成绩扣分。"拔优班"的学生不重视卫生等问题，很多优班的班主任都提醒过我，可以说是跟我抱怨过。因为这些"优班"的学生认为他们的任务就是好好学习，学校应该给他们最好的教师资源、最好的管理者、最好的教室等。与此同时，"精英班"的好几名学生斗志昂扬，觉得自己在期末考试后完全有希望进入"拔优班"，没有了之前"拔优班"学生的竞争，他们变得更加自信；"普通班"就是大家眼里的"最差班级"的学生，完全处于"不学习，放弃"的状态。

然而，到期末的时候，出现这样一些问题：有的"精英班"的学生在某些统一考试中成绩更高，处于"拔优班"成绩排名较后的学生每天都在跟我吐露自己的担忧，觉得期末肯定无法保住"拔优班"的身份，会回到原来的班级。他们展现在我面前的顾虑、自卑和不安，到如今仍让我历历在目。我感同身受，因为学生时段身处"优班"的我，何尝不是有同样的心情？

期末学校还进行了一次托福模拟考试。当然，成绩最好的学生一定来自我的"拔优班"，可是，也有一些学生的成绩没有"精英班"的学生成绩高。

在高一下学期，出现了一个非常大的问题，"普通班"成了几乎每个老师都不想踏入的班级。学生出现不做作业、上课不听课、骂老师、玩游戏、看手机等非常严重的纪律问题，让每一个任课教师都头痛。我也不例外，每次进入"普通班"之前，我都需要给自己打气，告诉自己无论如何都要完成当天给自己定下的教学目标和教学任务。无须多言，这个班的学生成绩最差。尽管他们高中三年的主要任务是考出一个还可以的托福成绩去美国申请学校，但以普通班的学生这样的学习状态，考出一个可以申请美国学校的托福成绩几乎不可能。所以在高一下学期期末，学校主任又做了一个决定，将"普通班"拆散，让学生进入其他"常青藤班"。

然而，最终的结果并不是领导所希望看到的。领导期待的结果是："常青藤班"的学生可以带动"普通班"的学生，让他们觉得自己没有被学校抛弃，进而努力学习。但是这样操作的结果是："普通班"的学生把好多"常青藤班"的学生"带坏"，他们一起玩游戏，一起不听课。一个人睡觉就可以把周围的几个同学影响到。几个"常青藤班"被"复制"成了"普通班"。

这是自从2013年我进入北京的一所国际学校的高中，直到2015年1月期间的亲身经历。同事之间也无数次地讨论过是否应该针对学生进行"分班教学"。还有好几个老师私下提到，学校最初就不应该分出一个"普通班"。如果他们最开始不被如此分类，或许不会"放任"自己到这样的程度。而之后把这些学生纠正过来所花费的时间和精力，要远远大于最初对他们的管理。

○ 学校是否应该"分班"？

我国《未成年人保护法》第十八条规定："学校应当尊重未成年学生受教育的权利，关心、爱护学生，对品行有缺点、学习有困难的学生，应当耐心教育、帮助，不得歧视，不得违反法律和国家规定开除未成年学生。"在我前面提到的任教的国际学校的案例中，虽然"普通班"的学生没有被老师直接"歧视"，但是最初的这样分班导致的后果就是：学生自己放弃自己。划分这样的班级，展现出一个区分于所有其他班级的"普通班"的结果就是学生"被歧视"，有的学生甚至自己歧视自己。

设想一下，如果我们自己是家长，一定不希望我们的孩子在这样的"普通班"里学习。不管自己的孩子究竟是所谓的"好学生"还是"坏学生"，一旦在这样的班级，结果恐怕一律变成"坏学生"。如果学校最初就不对学生进行这样的三六九等排序，"普通班"的学生不会认定自己是最差的，他们可以接受到同样的教育，很多学生的自卑心理就不会萌芽生长。

也许有人会说，如果不分班，这些学生会影响到其他人，老师该如何进行教学？还有人会说，这样的学生是缺乏一个真正有能力的班主任。当时这个班的班主任不是任课教师，而是管理学生日常生活的老师，也有很多人对这个班主任非常认可，因为"普通班"的卫生经常是最棒的。然而，毕竟学生在学校的表现不是拿打扫卫生的优劣来论断的，很多时候，都是要看他们的学习成绩、基础素养、智商、情商等综合方面，其中学生成绩占有相当重要的因素。从我这么多年的实际学习和教学经历来讲，"分班"有的时候确实可以培养出一些成绩极其优异的学生，而每次考试都重新排名的确可以形成学生直接的良性竞争，这种做法确实产生了很多"天才"。可是如果分班真的分出了"差班"，让学生先放弃自己，再进行"拯救"，这种做法在实际的教学实施中实在不可取。

"学校崇拜"现象

分班教学，大部分的目的都是让更多的学生进入重点学校。对常青藤盟校的追逐，让很多学生日夜苦读，学校上课，校外补课。为了让孩子上名校，家长们也不惜任何代价。很多家长为了能让孩子在高考中考出优异的成绩，放弃了工作，专门在学校附近租房，给孩子做饭。也有很多学生为了考上心仪的大学，选择复读。我们不得不承认，名校毕业的学生在就业时更有筹码，更好找工作。我本人就读的本科是普通高校，研究生就读的北京语言大学虽然不是211，也不是985，但其英语专业还是很有知名度的，所以我在毕业找工作网申（很多名企招聘的第一关就是网上申请筛选简历）的时候，通过率还可以。但是对于一些著名的企业来说，我的第一学历也不够优秀，因为很多名企都会针对本科和硕士两个学历同时进行筛选，必须要二者都是名校才可以。毕业生因为学历和毕业院校已经被分了三六九等。而很多高职、高专的学生如果跟本科生或者硕士为同一个专业，很难能脱颖而出，除非他们肯接受较低的薪水。

我们不得不承认，名校的毕业生非常优秀，但是很多著名企业的总经理、董事长也不一定是名校出身。步入社会，要考量一个人的智商、情商、逆商等多方面的能力。名校只是在诸多条件中的一个参考指标，但绝不应该是决定性因素。

我们必须承认，学校崇拜导致了学校自身的资源更优，社会各界对名校也更重视。名校聚集的往往是优秀的教师、丰富的资源、极大的政府重视等。但是正如教授檀传宝在《为幸福而教——教育长短论》所论述的："学校崇拜"已经造成了以下的危害：

第一，不利于正常的教育生态的形成；

第二，不利于社会教育需求的平衡；

第三，不利于名校本身的发展。

教师资源分配不均衡

教师在学校里有着举足轻重的地位，因为学校里的学生学习需要老师的引导。教师是素质教育成败的关键要素。对教师的素质和能力的考核和培养，促进教师职业的规范化，是各级政府非常重视的部分。同时，教师的工作待遇的提高问题也是国家非常关注的。1993年《中国教育改革和发展纲要》颁布，提出要"改革教育系统工资制度，提高教师工资待遇，逐步使教师的工资水平与全民所有制企业同类人员大体相当"。教师的素质也在不断增加，从专科到本科，再到硕士、博士，高学历的教师的比重也在逐年增加。在20世纪90年代初期，中国的大学教师中拥有博士学历的比例在10%左右。经过20余年的发展，"211工程"大学一半以上的教师拥有博士学历。"985工程"高校拥有博士学历的教师比例更高。

无须多言，大城市的优秀教师资源一定最多，而偏远地区的优秀教师的比例一定少很多。不同城市、不同学校给教师的待遇也是千差万别。众多高学历、有丰富教学经验的教师在就业时还是愿意选择大城市的重点学校。《中国教育黄皮书——长江教育研究院2015年度教育报告》中提到，"学校教育发展的不均衡，逐步导致教育质量差距的拉大，尤其是村小、教学点的农村师资力量较差。如教师老龄化、学历低、培训机会少、待遇低、课程开设单一、学科教师不齐全等，在一定程度上造成教育质量的难以提升，使教育的不均衡现象加剧。"

我在2011年硕士毕业的时候，一个同门在北京市某重点高中的应聘过程中过五关斩六将，最终赢得了"留京"任教的机会。我还记得她告诉我，跟她一起竞争的绝大部分是清华、北大的博士。2012年，我刚刚毕业后就业的那家外企的总经理在聊天时提到，众多家长不惜花费30多万元让自己的孩子能够进入史家小学（北京市著名重点小学）学习，可是，就算是出这么多钱也很难得到机会。而这位总经理的孩子因为有"特长"而给他省了30多万元。到现在我还记得他提起此事时自豪的表情。一起参与讨论的其他同事告诉我，之所以这么多人"挤破头"让自己的孩子能够进入史家小学，是因为这个学校的好多老师都是名校毕业，其中不乏清华、北大的博士。以我自身的经验，在2011年我毕业的时候，很多名校的硕士毕业生如果选择"回老家"，可以做大学老师或者是重点学校的高中教师；而留在北京，很多人都不得不去小学、初中、高职等学校就业。这里需要强调的是，我不是说教年纪小一些的学生不好，相反，教小学生对教师的要求其实更高，考查的是更综合的素质。只是，可能很多人都有这个质疑：我国的教育体制是否需要博士去教小学生？因为在大多数人的概念里，博士更擅长做的是发表论文、搞科研。

最近，在跟国内某知名教育公司高管进行交流时，我们一致认为：年龄越小的学生，越需要综合素质高的教师。小学教师不仅要知识渊博，性格开朗，多才多艺，最好还要懂得更深刻的教育学、心理学等理论，才能在学生一生中学习速度最快的阶段对他们产生最深远的影响，而小学的学习时光占据一个人的学习生涯的5—6年，也是最长的学习阶段。然而，最高的要求是否意味着老师的学历也要最高？对于这一点，我持怀疑态度。但我们不得不承认的是，大城市留住人才的概率远大于偏远地区的学校。那么，教师资源的合理分配就是到现在为止都存在的问题。

提到偏远地区，我们就不得不提到另一个跟"教育公平"息息相关的问题——代课教师。

根据教育部数据显示，2005年，全国中小学代课教师约有44.8万人，其中分布在农村公办中小学的大约有30万人，占农村公办中小学教师总数的5.9%。截至2008年年底，根据各地上报的数据，全国公办中小学还有代课教师31.1万人。

农村教育是我国教育的"短板"，农村代课教师问题则是"短板"中的"短板"。根据教育部负责人所说，"长期使用不具备教师资格的代课人员，合格的人员进入不了正式教师的队伍中去，对于这些人也是'极不公平'的。"

代课教师的问题是"短板中的短板"，而解决这个问题，并非一朝一夕可以实现。然而，哪怕是在同一个城市，同一个学校，教师资源也出现分配不平均的问题。众所周知，学校进行分班教学不光是对学生进行分类，对于师资也是进行了不同配置，就像我之前提到我的学生时期和我的国际学校的教学经历一样。一个老师不可能所有的班级都教，更不可能去多个学校进行教学。学校针对优班的配置往往都是选取最有经验的教师，"最优秀"的教师来教"最优秀"的学生，这样又如何体现"教育公平"？

○ 教学基础设施不公平

《中国教育黄皮书——长江教育研究院2015年度教育报告》提到，教育资源"不均衡主要体现在：基础教育方面，基础设施薄弱，资源共建共享水平低，地区发展差异大；职业教育方面，实践教学资源缺乏，产业对接水平较低，校校通尚未实现；高等教育方面，基础设施、资源建设初具规模，但质量有限，应用水平有待提高。"

"以小学计算机数量为例，2013年拥有计算机数量最多者为广东省，共有745 399台，而最少者西藏则为33 017台，相差23倍之多。"

除计算机以外，学校配备的很多其他基础设施也是千差万别。一线城市的重点学校往往都有电子白板、语音实验室、电子班牌等诸如此类"高大上"的现代化设备（见图5-2）；而在很多偏远地区，学校的基础设施仅仅是黑板、桌椅等（见图5-3）。不难想象，现代化的高科技教学设备必然会提高学生对学习的兴趣，而传统的黑板、课本对学生的吸引力自然太少。两种不同环境下培养出来的学生在创新能力、综合素质等方面会千差万别。当然，在各种优越的物质条件下，也会存在很多认为一切都是理所应当的学生，要老师"哄"着学，而很多偏远山区的孩子正是因为要改变贫困的生活状态而奋发图强地学习，这样的动机驱使他们更加努力，从而考出更优异的成绩。所以，很多贫困地区的学生的成绩反而会优于大城市物质条件丰富的孩子。关于学习动机对学生学习所产生的深远影响，请见第六章第四节。

图5-2　大城市的现代化教室

图 5-3 偏远地区的教室

○ 教师课堂教学有"偏爱"

前面所提到的种种问题,都针对的是比较大的范围:从不同城市,到不同学校,再到不同班级。而即使将范围缩小到班级内部,不论是拔优班还是普通班,也存在"不公平"的现象,比如教师在教学过程中,仍然有自己的"偏爱"。

还记得我上初一时的班主任在我们入学第一天就郑重其事地说:"我做老师,一定要做到'一碗水端平'。"这一句东北话很直接很形象,然而真正能做到这一点,恐怕是不可能的。因为在初中三年的学习生涯中,这个老师对学生出现了各种不同程度的"偏爱"和"不偏爱",对比她在我们刚刚入学时所说的那番话,简直是莫大的讽刺。比如,她喜欢把爱学习的学生放在最前面,喜欢把"捣蛋"和"不听话"的学生放到后面,集中精力培养自己觉得可以"出成绩"的学生。因为她这种"言行不一",小小年纪的我对她教的学科——英语产生了极大的厌恶。本来我的英语基础是非常好的(这得益于我有一个特别优秀的英语启蒙老师),之后的初中英语学习,我在大部分时间里是"吃老底儿"。上课的时候我喜欢开小差,要么看小说,要么看别的学科的书。所以，我在分班考试的表现并不是最好的，只是仗着自己有之前的英语基础才可以考出还不错的分数。可是，在我"开小差"的过程中，这个一直以来自称"一碗水端平"的教师并没有及时地更正我，而是对我"放任自由"，转而把重心放在她"更喜欢的学生的身上"。这样就导致了一个恶性循环：我从一个"热爱英语"的英语课代表变成一个普通学生。后来我的英语成绩的提升得益于我的高中英语老师。我还记得，刚开始读高中时我的英语成绩很普通，但是这个英语老师因为我学习积极而对我非常重视，讲课的时候就喜欢盯着我的眼睛讲。我在老师的眼神中看到了她对我的认可，因此对英语的学习有了信心。从此，我喜欢每天写一篇英语作文，在英语老师下课的时候第一时间叫住她，请她给我批改。就这样，我一跃成为班级英语考试的第一名，之后变成学年第一名，再到后来高考毫不迟疑地选择英语教育作为我的专业。由此可见，老师对一个学生的影响是巨大的。学生对一门课程的喜欢与否往往取决于这门学科的任课教师。如果任课教师对学生长期"忽视"，那么学生很难对这个学科产生兴趣，就更难成为这个学科的专业人才了。

读硕士时期，我很庆幸自己因为多年的勤工俭学的经历，被选中担任本科生的大学英语精读教师。那是我真正意义上在课堂上连续一年给一个班级的学生正式讲课。我告诉自己，要尽量公平地对待每一个学生，发自内心地喜欢每个学生，这样他们才会接受我，并逐渐喜欢听我的课。大学英语精读教师一周见到学生的次数最多，学分最高，所以学生们对我也是最信任的。课堂上，我是他们的老师；在课下，我们是好朋友。那段时光是我到现在为止最幸福快乐的时光之一：讲台就是我的舞台，是我展现自己、实现自我价值的地方，也是我受到学生肯定的基础。学生给我的评教打分也非常高。尽管如此，我不得不承认，在教学过程中，我还是会有讲课过程中比较关注的同学。我没有办法同时盯着所有的学生。不论我多么受到学生的喜爱，每堂课也难免会有开小差、犯困的学生，这只是比例的问题而已。比如发现犯困的学生，我会第一时间把他们"唤醒"，提问。所幸，大学生的自主学习能力非常强，片刻的困倦或者注意力分散并不会特别影响到他们整体的学习成绩。可是，对于中学生和小学生就不是这样了。我在国际学校教高中生的时候，尤其是教普通班的学生时，比较喜欢用"打地鼠"来形容我的课堂教学状态。

往往是管好这个,另一个不遵守纪律的学生就冒出来,我恨不得有几十双眼睛盯住所有的人。到头来,我只能适当地取舍。所以教学过程中,教师确实有自己重视和忽视的对象:如果我关注坐在后排角落里的学生,很可能错过前排最右边或者最左边走神的学生。那么,在一个课堂上的"教育公平"又如何体现?

教育的"不公平"当然远不止这些,还包括留守儿童与流动儿童的教育,本地人和外地人上学及高考等问题。这些问题需要学校、教师、家长以及社会各界人士的积极参与,共同配合,让所有的学生能够享受公平的受教育机会。

第二节 教育公平的出路

教育学者熊丙奇在《教育公平——让教育回归本质》一书中的最后部分提到:"实现教育公平,我们期待政府加大投入,推进改革。但公平最基本的动力则来自每个公民。珍惜自己的权利,尊重、努力捍卫他人的权利,教育公平就会在点滴之中进步。教育公平在我们每个人的良知之中。"他也在书中提出了教育公平的出路。

一、均衡资源——打破利益链

1. 把每所学校都办成"好学校"

2. 治理择校乱收费的法律、道德和制度问题

二、补偿公平——消除特权

1. 给更多学生免费教育的机会

2. 让农村孩子看到更多希望

3. 让更多教师看到希望

三、救济权利——依法治教

四、多元发展——推进教改

1. "在家上学"

2. 开放内地教育资源

3. 个性教育

以上各点都是非常好的出路，除此之外，VR 也是可以选择的出路之一。在本章第三节我会做详细论证。

值得欣慰的是，社会各界对教育公平的重视越来越多。除了呼吁政府和教育部门推进改革，我们也看到了更多的人开始为教育公平做出努力。

○ 拒绝择校

所谓择校，是指部分中小学生因各种原因不能进入理想的学校，家长通过其他途径为其子女选择教学设施好、师资力量强、教学质量高、管理好、生源好、升学去向好的学校就读的行为。在择校的过程中，户口所在地起决定性作用。在很多地方，学区房已达"天价"。很多家长为了让孩子能够上重点学校，在学校附近租房，借钱买房。这样的结果只能让学区房的价格一再上涨。而"择校费"又是让多少家庭承受不起。以 2003 年为例，某普通中学的择校费是每人 3 万元。我在 2011 年硕士毕业的时候，北京的某著名小学的择校费是 5 万元。现在恐怕已经不是这个数字了。择校费只是其中的一小部分费用，在这些学校上学之后的购房、租房、补课、交通等生活费用让很多家庭都无法承担。这样的结果导致的是，只有富人才能上得起好的学校，而"穷人"子弟很难上好学校，享受好的基础教育设施、优秀的教师配置资源等。那么，"穷人"家的孩子的教育如何保证？如何实现对这些孩子的教育公平？

家长和学生应该理智对待择校问题，不要随波逐流，盲目跟风，而要考虑孩子的性格和学习现状，理性选择学校，不要让这种"择校"现状导致两极分化更为严重。

○ 呼吁取消异地高考

在很多人眼里，高考是改变命运的唯一出路，因为确实有很多贫困地区的考生考上名校之后毕业进入名企工作，过上了他们"梦寐以求"的生活。然而，目前高考的政策还是要求学生回到生源地进行考试。而在北京、上海、广州等"外地人"明显多于本地人的城市，保护本地人口固然重要，但是外地生如果已经在北京连续学习，仅仅因为高考就要回到生源地进行考试，实在是有失公平。记得我在刚毕业租房的时候，有一段时间在地铁口见到很多"外地人"联合在一起，呼吁大家签名取消异地高考制度。我们看到的是，越来越多的人愿意站出来维护自己的权益。虽然现在碍于种种条件无法取消异地高考，但是我们也要努力站出来维护享受同等教育的权利。

选择"微学分，微学位，微学校"

著名企业家李开复在读法律本科期间，自学了很多与计算机相关的课程。自修课程不仅可以扩展我们的知识，还可以对个人发展和就业有非常大的好处。随着各种基于网络的教育模式的发展和在线教育资源的丰富，未来的认证将是基于课程、学术和实践能力的认证，而不再拘泥于某个大学的某个专业。在我读硕士的时候，就可以去北大修语法课程，上满课程之后，完成教授布置的各项安排也可以算作学分。我曾经在北京语言大学继续教育学院教过一名学生，她当时是一边工作一边在北京语言大学继续教育学院完成了成人高等专科英语的课程。几年后，她已经正式被中国矿业大学录取为全日制硕士，跟我的全日制硕士学历没有任何区别。可喜的是，现在的很多学校都已经开始认可自考生、成人专科等通过非全日制学习方式取得学位的毕业生，只要大家在统一考试中可以证明自己的学习和研究能力，导师一样可以做出公平的选择——机会对于众多考生是平等的。这个学生并没有因为自己的"成人学位"而感到任何自卑，反而通过努力为她的人生开启新的篇章。我很喜欢拿这个学生作为励志的榜样给身边所有抱怨自己学历低、找不到好工作的朋友们。起初，有几个朋友也非常受鼓励，买书准备研究生入学考试，但是过了一段时间，他们往往由于繁重的工作或是觉得备考太枯燥太难而放弃。但是，想要获得更好的机会，就需要付出更多的时间和汗水，甚至泪水。

现在，斯坦福大学、哈佛大学、麻省理工学院等相继推出"大规模在线公开课程"，即慕课（mass open online courses，MOOCs），完成课程的学生只要缴纳极少费用，就可获得认证。由于不是真正的文凭，我们称为"微学位"，作修完网上可查获的学分称为"微学分"。

我在国际学校任教期间，也有很多老师通过远程课程拿到国外大学的学分。拿学分虽然不等同于拿学位，但是网上的这些课程往往会布置一些任务让学生完成，完成这些课程任务的过程其实大于获取知识本身。

在未来，微学分、微学位、微学校将会成为新教育的模式之一。网络教育将成为人们获取新知识的主要途径之一。而我们需要做的是，秉着终生学习和谦逊的姿态，多多学习。不要因为自身的条件优越与否，自身的学历高低，是否为名校毕业而或骄傲或自卑，应该努力通过更先进的教学形式和学历获取方式提高自身竞争力。

第三节　VR 如何促进教育公平

本章第一节提到了几个教育"不公平"的现象，而"教育公平"又是我们每一个人心中的美好愿景。我们当然不希望这仅仅是愿景，而是希望它能更早地实现。除了熊丙奇在书中提到的解决方案，我们还可以通过 VR 来促进教育公平在课堂上的实现。

在使用 VR 进行课堂教学的过程中，我发现 VR 是教育公平的一种非常好的诠释形式，它可以在很多方面促进教育公平。

○ VR可以有效缓解教师分配不平均的问题

本章第一节中，我提到不同的地区、不同的学校都存在教师资源分配不均衡的问题。大城市因为各种优势的资源条件更会吸引人才和资源，因此教师队伍的差异尤为明显。但是，作为学生，无论是偏远山村的留守儿童，大城市打工人群的农民工子女，还是繁华都市的高干子弟，都应该享受平等的教学资源。

在很多偏远的地区，普遍存在师资短缺、教师职业资格考核不完善等问题，有很多地区的老师在教学能力方面都很薄弱。有很多地区的英语教师发音不准确，而这样的老师教出来的学生水平就可想而知了。我记得我曾经教过一个初中生，给他做家教时讲到了 usually（通常）这个单词。Usually 这个单词正确的发音是 [ˈjuːʒʊəlɪ]（美式发音），而学生的在校老师的发音是 [ˈjuːrəlɪ]，这是绝大部分中国学生和老师经常容易犯的发音错误，即混淆 [ʒ] 和 [r] 的读法。我当即对这个学生的发音做了纠正。但是，第二次见到她时，她的发音又变回了 [ˈjuːrəlɪ]。我问她为什么又改回之前的错误发音，她说是学校英语老师"强迫"她这么发音。教师的基本功如果出了问题，又如何让学生发音准确呢？后来这个孩子的做法是，在我的课上读 [ˈjuːʒʊəlɪ]，在学校的课堂上读 [ˈjuːrəlɪ]。好可怜的孩子，还要把正确发音和错误发音都记住。不过，她至少是幸运的，因为有老师可以在她相对较小的年龄阶段把发音纠正过来。但是针对班级上绝大部分接受错误发音的学生来说，就大不相同了，很可能很多学生直到大学接触更多的外国人时才发现自己的发音问题。而到大学再纠正发音，已经形成的习惯就难以改变了。

　　碍于物质、交通等多方面目前无法解决的问题，我们确实没有办法将优秀教师"运送"到小城市或者偏远地区。但是，我们可以将优秀教师的课程以目前为止最为先进的 VR 教学手段送到学校让学生学习。哪怕是偏远地区的学生，也可以通过 BYOD 的教学模式来体验先进的 VR 课程，获得更准确的知识。只要学校为学生提供相应的资源，不同班级、不同年级的学生都可以使用。

　　一堂课，我们可以通过 VR 课程来解决绝大部分的教学难点，老师只需要进行适当地引导和监视，就可以跟学生进行更多的互动。这样，对于教师自身的专业性要求大大降低，而学生的参与感、兴趣度会大大地提升。教师在课堂中的讲解功能弱化，而监督和激发学生潜能的作用增强，进而教师资源的不平均分配问题也就从某种程度上缓解了。

○ VR可以有效解决教师的"偏爱"问题

　　在几次媒体对我的专访中，我都喜欢提到这一点：VR 在同一个课堂中解决教师"偏爱"的问题，在体现教育公平方面最为明显。之前我提到过，在授课过程中，教师总有一些格外重视的学生：讲课的时候，老师喜欢注视的是热爱听讲、纪律好的学生；坐在角落里的"淘气"的学生很容易注意力分散，犯困，或者是做一些其他的事情。教师很难掌握住所有学生的心。

在教师授课的过程中，这种"偏爱"对学生的学习兴趣的培养和自信的建立是有深远影响的。

○ VR让每个学生都有"好"位置

在我上学和任教的过程中，我看到很多老师为了尽量展现出公平，会定期给学生调整座位，这样让大家都有机会坐在比较好的位置听课。有些家长为了让学生能有一个好的位置或者是受到老师的重视，甚至还会私下"送礼"给老师。但是，无论老师如何调整座位，总会有一些学生坐在角落里，这一点无法避免。

我们当然希望，所有的学生都可以坐在教室最好的位置，而老师也可以把注意力集中到每一个学生的身上，平均分配。但是，这种愿望很难实现。

不过，戴上 VR 头显就可以非常好地解决这个问题。无论是坐在第一排中央的"好学生"，还是在角落里可能被忽略的"淘气小子"，都可以接触同样的知识。因为所有的学生是处于同一个虚拟的环境，体验的都是同样的虚拟内容，听的也是同样的讲解，产生的是相同的交互。不需要老师的鞭策，完全靠个人兴趣的驱使，学生就可以在虚拟的环境中探索知识，主动学习。不仅如此，VR 由于自身的超强沉浸感，可以将学生完全"包裹"在场景里，大大降低学生注意力分散的概率。

教学实践结果：学生成绩重新排名

在实际课堂教学过程中，我发现学生的成绩会重新排名：之前非常认真，通过反复学习记住知识的学生反而没有很多思维活跃的学生记得好。而不管学生坐的位置是否是"最佳位置"，都有同样的机会考得最好。

总的来说，我经过一个学期的 VR 教学实践，看到 VR 教育展现的课堂效果如下。

1. 坐在最后排角落的学生依然可以很好地体验课程，学生的听课状态不受到座位前后的限制。

2. 很多之前对英语学习没有兴趣的学生开始主动学习，产生更强的学习动机。

3. 学生的平均成绩有效提高，而且成绩排名发生变化，进而促进很多排名靠后的学生产生更强的学习动机，增加学习的乐趣。

可想而知，很多学生学习是反复记忆的过程。但是，由于记忆方法的不同，最后的效果也是千差万别。以背单词为例，我经常看到学生会在纸上反复地抄写一个单词，抄上几十遍，但最后还是没有记住。记得有一次看到一个学生，在一张 A4 纸上密密麻麻地抄写了 diagnosis（诊断）这个单词大约 100 遍，前几个还是正确的，后面的就少了一个"a"。这样的记单词方式其实很多时候还不如不记。以抄写和反复复习或做作业为主要方式记单词的学生反而不如喜欢探索（包括老师平时说的比较"淘气"）的学生记得好。以兴趣为导向的学习会远远大于被动的、鞭策式的学习效果。

○ 未来：VR更好地促进教育公平

目前基于硬件价格门槛，关于 VR 的普及还有相当长的一段路要走。但是，在不远的将来，VR 头显的价格可以越来越低，设备的性能会越来越好。就好像若干年前，手机的价格只有"富人"才能承担得起，但是现在人人都可以买得起手机。VR 设备也是如此。更何况，采用 VR 眼镜也是很好的解决方案之一，价格甚至可以达到 10 元到几十元。那么，我们就可以寄希望于手机的性能越来越好，越来越多的高性能的手机支持 VR，且价格更优。同时，随着更多的内容厂商参与进来，VR 技术产生的突破，可以大大地降低内容的生产成本。同时，我们作为内容厂商，随着工作效率的提升和沟通制作成本的降低，也可以把价格控制在学校、学生、家长能够接受的范围。由此，让更多的人可以通过 VR 来体验教育的公平，让学生真正地热爱学习，同时减轻老师的课堂教学负担。不论学生在哪个城市、哪个学校、哪个班级，都可以体验最先进的 VR 教学课程。VR，让教育更加公平！

实践篇

第六章
如何设计、策划、制作并推广VR课程

在前面几章我提到并论证了 VR 教育的重要性以及它的优势,其中,优质的内容是 VR 教育的突破口。那么,我们到底应该制作什么样的 VR 教育内容呢?第三章我提到过,很多 VR 行业公司都制作了关于海洋、宇宙的内容,包括做 VR 游戏和 VR 教育的制作团队。但是,即使是这种大家都认为用 3D 和 VR 方式更好实现的内容,由于制作和策划的千差万别,带给体验者的感受也是各不相同。在同质化现象严重以及很多内容厂商"各自为战"的大背景下,如何制作出富有特色,能解决用户痛点的教育内容是我一直以来思考的问题。从计划创业开始,我就一直问自己:我要制作的这个内容是不是一个 2D 的视频就可以解决?如果是,我就不需要以这么高的成本来制作 VR 内容。我建议每一个制作 VR 内容的团队在立项之前,都要慎重地想好这个问题。在本章我会和大家分享我是如何确定市场,立项,制作 VR 课程,并分享课程制作中的经验和课程设计的理论基础。

第一节 锁定市场和方向的"心路历程"

作为一名老师,我创业的初衷是把我多年英语教学总结的经验,再结合优秀且先进的教学理论和教学策略融入 VR 的课程制作中,让更多的学生可以享受更好、更高科技的教育,享受教育公平,让居住在贫困山区的孩子可以享受跟城市学生一样的教育。若能做出这样的内容,也会是公司的核心竞争力之一。不难想象,我最初的课程设计都是英文课程,但是英文自身是语言,我们一定要通过语言来讲述具体的某一个内容,这个内容就涉及具体的学科。

我并不打算按照学校大纲的英语课本一个一个地做对应的 VR 课程。一方面，前面的课程大部分都是以教室和校园为场景的，学生每天看得见、摸得着；另一方面，VR 的制作成本巨大，没有办法这样耗费在简单场景的制作上，这样也体现不出 VR 的优势。那么，我需要集中解决的问题就是，用英文讲哪个学科？我只需要确定那个学科，将英文换成中文，就是具体的学科了。这样就实现了"一石二鸟"的功效，而我们也可以通过这种方式来丰富我们的课程资源。

○ 探索：确定目标，瞄准市场

对于一个初创团队来说，能够快速变现最为重要。所以，最快速度地确定市场方向是当务之急。市场方向关系到了企业的生死存亡。在创业过程中，如果一味地"闭门造车"，很可能会被时代所淘汰。但是，如果每天都在关注市场的"公关（public realtions，PR）"新闻，又会给自己带来某种程度的恐慌（很多企业在 PR 过程中，都在某种程度上夸大了他们所取得的成绩）。所以，及时确定市场方向，并根据市场随时进行微调，是我作为一个 CEO 对自己的基本要求。

坦白说，我的个人教学经历大部分都是教年龄偏大的学生：在北京语言大学读硕士的时候，大部分时间教的是北京语言大学的本科生英语精读；在北京语言大学继续教育学院和北京语言大学培训部的时候，大部分时间是教已经工作的成人；在新东方和国际学校教的也是高中生和初中生。所以最开始我有创业想法的时候，是打算做托福方面的 VR 培训，而针对的市场也是国际学校和培训机构。教托福的过程中，很多学生最痛恨的是背单词，那么，我需要先解决托福词汇这个难点，这个是我最初创业的想法。而后，我们创始人团队用了一个月的时间做出来一个体验 demo，拿给我的天使投资人看，他对效果很满意，当即决定投资我的项目。当然，与此同时，我也给两家其他投资机构展示了这个 demo。虽然，两家投资机构都认可这种 VR 英语教学的方式的确能够帮助学生在 5 分钟之内迅速记住 20 个左右的英文单词，但是其中一个机构的投资人提的一个问题让我印象极其深刻，她问：难道背托福词汇，不就应该是手里拿着一本托福红宝书天天"啃"吗？坦白说，对于这样的疑问，我真的不敢苟同。试问，有多少学生只通过天天拿着托福红宝书来"啃"的方式真正记住单词呢？这种方式或许可以让某些学生短时间内记住单词，但是遗忘速度恐怕远远大于记忆速度。而 VR 的方法完全可以通过这种全沉浸的超视听体验，让学生将内容迅速地记住，并深深地刻在脑海里，就算是忘了，再带上 VR 头显 5 分钟内就可以复习一遍。试想一下，如果绝大部分的英文单词都可以这样记忆，记单词还会那么痛苦吗？！

然而，现实是很残酷的。我见的第二家投资机构的负责人告诉我们，他觉得我们的项目很好，但是成为独角兽的概率非常小。更重要的是，我们仅仅选择了一个英语学科，市场太小了。听到这个反馈，我特别想反问一句："英语培训市场到底有多大，你知道吗？"所以，直到现在，我都有计划坚持把我做的 VR 英文教学的内容做下去。但是，碍于经费不足，只能先转做更容易"变现"的方向了。

及时调整方向，锁定小学市场

根据《学记》的记载："君子之教，喻也。导而弗牵，强而弗抑，开而弗达。"其中"导而弗牵"的"导"是引导、指引的意思，用明确的学习目标，为学生指出学习的任务和方向。"牵"，是指在前面拽着走。"弗牵"，是指不要拽着学生走，而是陪着学生学习，引导学生学习。对于各个年龄段的学生来说，最需要教师引导的恐怕就是小学生了。年龄越大，学生的自学能力越强。很多高中生和大学生都可以有很强的自学能力，那么，小学生就最需要"有效的教学引导"了。

鉴于前面提到的资本和市场普遍对于 VR 应用在成人和高年级学段学习的质疑，变现速度相对慢，作为公司的创始人兼 CEO，我必须及时调整方向，将产品定位在更容易变现的市场。经过大约一个月的探索，我及时地将市场锁定为小学。除了刚刚提到的小学生最需要有效的教学引导这一个因素外，其他三个因素更坚定了我选择小学市场的决心：

1. 小学生对新科技的探索欲望最强

小学生对新的科技都有着极强的好奇心，探索欲望最强。看到新兴的科技，尤其是这种 VR 头显，他们就掩饰不住内心的喜悦。在之后的课堂教学过程中，小学生看到我们的VR课程时，抑制不住内心的喜悦，有的欢呼，有的赞叹，各种开心的叫声遍布课堂。我也曾经在北京五中和北京十二中上过VR公开课，当时学生虽然也对于我们的内容感到非常震撼和好奇，但是几乎没有人真正地发出感叹的声音（可能是由于周围听课的人太多），几个学生只是张开嘴，露出非常惊讶的表情。可见，年龄大一些的学生，面对这些内容要理智得多。不管内容本身是否真正吸引他们，只要是考试考点，无论怎么学，哪怕是"死记硬背"，他们也会努力地记住。

2. 小学生的升学压力相对小

现在很多小学都已经对外不公布学年排名，而考试成绩本身强调得也比其他学习阶段少很多。所以，小学生更容易埋单。初中学生和高中学生，尤其是高三的学生，面临着决定很多人一生命运的高考，而VR这种科技在很多老师眼里更多是选修的、课外的内容，因此老师的顾虑要大得多。

3. 小学生更需要VR来解决专注度的问题

大家都知道，小学生的发散性思维最强。在教学环节中，学生们很可能因为老师的一个动作、外面的一个声音或者是其他的外界因素而浮想联翩或者"走神儿"，所以让学生专注在教师的教学内容中相对最难。而VR就可以很好地解决这个问题：戴上VR头显，不管学生看到哪里，都是被包裹在同样的VR场景下；又因为VR内容会更好地吸引学生，学生的注意力便可以集中在教学内容中。

哪些学科更适合VR？

很多人都认为，VR最大的意义在于身临其境。那么在实际教学中，需要学生身临其境的学科就比较适合用VR来呈现了。比如语文、英语、历史等学科都可以通过将学生带入场景内来吸引学生的兴趣，进而将知识点融入VR课程中。而数学这种逻辑思维很强的学科在制作起来就相对困难了。下面，我针对小学各个学科的VR课程制作谈一下我本人的浅见。

语文

语文是小学课程的主科，在学生的学习过程中占据着举足轻重的位置。

但是，由于学生经验不足、阅历不深所限，在课堂教学中，经常会出现"教师讲解很生动，学生学习很无趣"的状态。如人教版小学语文课本三年级上册有一篇王维的古诗《九月九日忆山东兄弟》：

> 独在异乡为异客，
> 每逢佳节倍思亲。
> 遥知兄弟登高处，
> 遍插茱萸少一人。

对于三年级的小学生来说，是很难理解诗人背井离乡的感受的。在讲解过程中，学生的理解就会有困难或者偏差，更不用说记忆了。VR 就可以很好地解决这个问题：把学生放在异乡，让他们遥想自己的亲人，可望而不可即，这样学生就可以很好理解作者写这首诗时的感受。又由于 VR 带给人极强的视觉冲击力，学生完全可以把场景中的元素刻在自己的脑海里。

在语文教师讲解抗日战争的艰苦等内容时，对于当代生活条件优越的学生来说，很难体会到那种战火纷飞、命悬一线的生活是什么感受。这时教师可以让学生戴上 VR 设备，身临其境地体验烈士们如何用生命换来今天的幸福生活。不论是让学生完成写作或者阅读的任务，教师都可以更快地实现教学目标。

如果教师想让学生领会"会当凌绝顶，一览众山小"，单纯靠图片或者是视频，很难有"一览众山小"的体验和感受。但是戴上 VR 设备，学生会感受到所有的景色都在自己的脚下，美景一览无余，而自己就身处顶峰。针对没有过"爬高山"经验的学生来说，这种内容展现方式大大提高了他们对诗句的理解，视觉带来的震撼可以让他们迅速记住诗句，并难以忘记。行业内也有专门通过制作此类 VR 内容来治疗"恐高症"的案例。

科学

正如我在本书前三章提到的，对于宇宙、海洋等场景，平面的视频和 3D 立体的 VR 场景一定有很大的区别，而这些都属于小学科学课程的范畴。现在的"科学课"跟我们"80 后"小时候的"自然课"类似，这个学科主要的任务是让学生了解自然的事物、现象及规律。

科学知识对于很多小学生来说都是最有吸引力的。虽然生活中有很多常见的事物是科学课程的范围,但是也有很多是平时很难见到的,这就需要通过VR让学生去探索。

英语

大家都认为语言是用来交流的,需要具体的使用场景。有很多并不会说英语的人,去了说英语的国家居住一段时间,自然而然地就学会当地语言了。只是,由于时间和空间的限制,在学校的课堂上课,很难让每个人觉得到了当地去进行语言的学习和锻炼。那么,VR就是一种进行各种场景模拟的绝好方式。目前也有一些做VR教育的公司是这样做的。此类VR课程对学生的语言运用能力或多或少地做了一部分锻炼。不过,对于那些对英语没有兴趣的学生来说,这种语言学习仍然缺少趣味性,因为很多中国小学生学习英语最大的问题就是张不开嘴。这种VR课程的制作,对于语音交互、情境趣味性设置要求很高。目前市面上已经有一些VR教育公司在英语教学中做了此类"试水"工作。不过,针对目前的课堂实际环境和VR技术的稳定性,广泛运用此类语音交互于课堂,针对学生的个性化需求来解决实际问题,在近期还是很难实现的。

还有一种就是我们公司现在思考出来的特色英语教学了。我们最开始把我们的课程定义为爱徒English+课程,因为语言是展示内容的一个窗口。抛去语言因素,讲述的就是某一个具体的学科内容。所以我们的做法是,用VR展示学生最感兴趣、最喜欢探索的、最适合VR展示的内容,将其中的英语元素讲解出来,就可以达到"一石二鸟"的效果。他们在学习了各个学科的同时,也可以轻松学习并运用英语。

音乐

看的同时,自然需要听。学生在学习的过程中,听的部分格外重要。相信很多人在玩游戏的时候,都喜欢戴着耳机,这样更有"亲身作战"的感受。而在小学的课程中,对于乐曲的赏析更需要意境。如果只有听,却看不到,感受也不会非常深刻,尤其是对于生活经验和阅历非常有限的小学生来说。通过VR这种超强的视听体验,赋予音乐以情境,让学生们更快地理解并赏析音乐的美，不失为一种乐趣。

美术

在学习的过程中，教师让学生使用VR设备欣赏情景、花草、角色等元素。通过对不同美术情景的观察，以及经验与审美的积累，培养学生的自我审美观，达到激发学生对美的敏感度和想象力。

上面提到的仅仅是我认为可以通过VR更好地进行教学的小学的课程部分，而对于中学课程、大学课程也有更多VR可以大展拳脚的地方。比如危险的化学实验、复杂的地理知识、曲折的历史进程等，都可以通过VR这种手段来丰富教师教学的过程，增强学生学习的乐趣。

○ 制作什么样的VR课程内容

记得我曾经见到过一家做VR教育内容的公司做出这样一个产品：场景是一个很大的图书馆，里面有很多的学生和电脑。坦白说，此类场景在初期我不会让我们公司的团队去制作。因为图书馆随处可见（现在绝大部分小学都有图书馆），没有必要花那么大的成本去专门建立一个3D的、360°的图书馆场景，里面还创建了很多学生、电脑等模型。同样，咖啡厅、学校教室之类的场景其实没有必要花这么大的成本通过VR去制作。需要通过VR制作的，应该是那些平时很少能够见到或者与2D相比效果区别特别大、给人的震撼力最强的内容。比如我之前反复提到的海洋的场景和宇宙星空的场景。这些场景的平面效果和具体的立体效果区别巨大。用VR将这些场景呈现出来，才能使学生产生强烈的好奇心，并真正地体现出VR的优势。

第二节　课程策划所需遵循的教学理论基础

在VR课程的设计过程中，在充分了解到教师的教学"痛点"和难点的基础之上，还需要遵循各种教学理论。VR课程的策划必须是懂得教学理论并有教学实践的人才可以担任的。在课程策划过程中，应当以国内外先进的教学理论为基础，设计出科学的、有效的 VR 课程。同时，我们要遵循"以学习者为中心的理念"，根据学生学习的规律来"以学定教"。这里期望 VR 课程策划者应该具备教学相关专业素养，能掌握有关学生学习过程与条件的概念性知识，这样才可以设计出真正适应学生学习和教师课堂教学的 VR 课程。

在了解 VR 课程和教学设计之前，我们先来了解一下学校的课程分类。

课程的分类

1. 学科课程与活动课程

学科课程是指根据学校培养目标和科学发展水平及一定年龄阶段学生的身心发展水平，从各门学科中选择学生必须掌握的基础知识，组成各个不同的学科并分学科进行安排的课程形态，具有系统性、逻辑性、预设性和简约性。

活动课程也称经验课程、生活课程或者儿童中心课程，是以儿童的主体性活动经验为中心而组织的课程。活动课程以开发与培育主体内在的、内发的价值为目标，旨在培养具有丰富个性的主题。儿童的兴趣、动机、经验是活动课程的基本内容。

2. 综合课程与分科课程

综合课程又称广域课程、统合课程或合成课程，其根本目的是克服学科课程分科过细的缺点。它采取合并相关学科的方法，减少教学科目，把几门学科的教学内容组织在一门综合学科中，以认知论、方法论、心理学、教育学等学科为理论基础。

3. 必修课程与选修课程

所谓必修课程，是指统一学年的所有学生必须修习的公共课程，是保证所有学生的基本学力而开发的课程。所谓选修课程，是指依据不同学生的特点与发展方向，容许个人选择的课程，是为适应学生的个性差异而开发的课程。

4. 显性课程与隐性课程

显性课程是一个教育系统内或教育机构中正式文件颁布而提供给学生学

习，学生通过考核后可以获取特定教育学历或资格证书的课程，它由课程方案中明确列出和有专门要求。隐性课程（也称潜在课程、隐蔽课程）则是以内隐的、间接的方式呈现的课程，是学生在显性课程以外获得的所有学校教育的经验，不作为获得特定教育学历或资格证书的必备条件。

5. 国家课程与校本课程

国家课程也称国家统一课程，它是自上而下由中央政府负责编制、实施和评价的课程。校本课程的提出主要是基于三个方面的原因：对国家课程开发策略体系的不满、全球范围内的教育民主化浪潮和教师专业自主成长的需要。

对于 VR 课程来说，选择制作哪一类课程对于初创团队来说极其重要，是选择综合课程还是分科课程？选择国家课程还是校本课程？如果是学科课程，具体通过 VR 课程制作哪一学科的教学内容？课程的选择要考虑到课程是否能够被学校广泛认可与接受。不难想象，绝大部分公司会选择国家课程而非校本课程，因为校本课程只是针对一个或是一些学校，而国家课程具有权威性和强制性等多方面特点。而在选择学科方面，建议 VR 内容制作团队选择必修课程，这样对于学生成绩提高、学校的综合考量更有帮助。而在学科的选取上，也要充分考虑到哪些学科更需要通过 VR 来解决教学痛点和难点。

下面，我来介绍一下，在教学目标、教学内容以及时间安排方面需要遵循哪些教学理论和原则。

○ 教学目标的设定

在设计 VR 课程时，首先要确认教学目标，教师需要清楚地知道该堂课要培养学生哪个方面的能力，教学的难点是什么等多方面的目标的设定。在这个环节，教师要充分研究课程标准，分析课程内容，分析学生已有的状态（学生现有的知识储备），确定教学目标的分类，并清楚地列出教学目标。

○ 教学内容设计

在教学内容方面，我主要介绍一下陈述性知识和程序性知识及其相应的

VR教学内容设计。

1. 陈述性知识及VR教学设计

陈述性知识主要是有关"是什么"的知识。这个通过VR来呈现时特别直观，给学生的印象也非常深刻。比如，语文课程中的某个生僻字的介绍，就可以通过VR来演示。让学生通过VR建立起事物和字之间的联系，解决这种陈述性知识的理解和记忆问题。

2. 程序性知识及其教学设计

程序性知识是有关"怎么办"的知识，即关于方法和应用的知识。比如通过VR进行安全教育，讲到遇到火灾时应该怎么办，就可以通过VR把学生带入场景内，经过合理的"交互"设计，让学生可以轻松并清楚地回忆起应对火灾时的具体程序。

在VR教学内容设计的过程中，可以参考以下几个方面。

第一，建立知识内在的联系——精细加工策略

卡图纳等人提出的精细加工策略是指对学习材料进行深入细致的分析、加工，将材料中的新信息与头脑中的已有信息联系起来，辅助理解记忆。一般来说，一个新信息如果与其他信息联系越多，就越有利于这种信息的掌握。在VR课程的设计过程中，可以充分利用精细加工策略，通过VR这种超强的视听手段，建立知识点内在的联系，帮助学生记忆并进一步提升知识的理解和运用。

记得我曾经看过香港TVB的一部电视连续剧，其中有一集讲述的是"记忆之宫"。

记忆之宫的发明者是利玛窦，他是中世纪一位意大利天主教神父。记忆宫殿里有很多的房间，房间里有很多的柜子，将内容按照一定的路径放入房间的不同位置，同时将需要记忆的内容跟房间内的事物建立联系。回忆的时候根据记忆的路径就可以还原完整的记忆内容了。剧情里面有一个例子，就是通过不同的房间来记忆汉朝的皇帝的名称。第一位皇帝是汉高祖，想象一下一位皇帝手里拿着汉堡包，旁边有一个蛋糕，吃了很丰富的早餐，他就是汉高祖了；然后进入第二个房间，想象的是，皇帝吃完早餐之后，胃会疼，这样就记住汉惠帝了（由于本剧语种是粤语，所以第二位皇帝的发音和记忆方法我做了适当的调整）。可能这种方法对于很多爱学习的学生已经可以达

到记忆的目的了。不过，一旦路线变得复杂，内容更多，回忆路径的记忆提取过程就可能出现偏差，这就需要更深入的记忆手段。设想一下，如果可以把这些内容都通过 VR 的方式演示出来，那么一定可以达到几倍甚至几十倍的功效，这些房间和知识可以深深地刻在脑子里。

边玉芳、李白璐在《教学心理学》一书中列举了 6 种精细加工策略，我们在课程策划中主要采取其中的 3 种策略。

1. 位置记忆法

位置记忆法是指学习者在头脑中创建一个熟悉的场景，在这个场景中确定一条明确的路线，在这条路线上确定一些特定的点，然后将所要记的项目全都视觉化，并按顺序将这条路上的各个点联系起来。众所周知，我们对故事情节的记忆是最深刻的，所以，我们在 VR 课程策划过程中，把故事情节的设计称作"故事线的策划"。由于 VR"身临其境"的特点，学生可以体会到真实"构建出"的场景。同时我们精心设定一个路线（故事情节），虽然场景是虚拟的，但是场景内的路线可以深深地刻在学生的脑子里，通过完整的"故事线"还原场景内每一个位置所展示的知识点，帮助学生记忆。而教师在讲解过程中，可以通过回忆故事线来提取记忆的项目，进而巩固学生的记忆。

2. 联想记忆法

学习一种新材料，运用联想，对记忆很有帮助。而我们在策划 VR 课程的过程中，希望把联想的内容通过 VR 这种方式给学生展现出来，这样可以大幅度提高学生的记忆效率。比如，在我设计的太阳系内的九大行星的讲解过程中，水星的英文名称是 Mercury，而它的特点是绕太阳的公转速度最快。同时，Mercury 是罗马神话中的墨丘利，是众神的信使，自然"跑得快"。通过讲解墨丘利这个神和水星的共同特点——"快"，帮助学生理解并记忆。之后让学生回忆水星的时候，他们直接会联想到墨丘利，他跑得快，所以绕太阳的公转速度最快。

3. 充分利用背景知识

精细加工也强调在新学信息和已有知识之间建立联系，可见背景知识的多少在学习中是非常重要的。例如我们在通过 VR 讲解地球结构时，将地球的结构和鸡蛋的结构建立联系。小学生都知道鸡蛋的结构，这样，地球的内部结构分为几层就非常容易理解和展示了。

在建立知识点之间相互联系的过程中，要充分考虑以下两点。

1. 建立 VR 课程内部知识点的相互联系

在 VR 课程内部，知识点之间最好形成一定的联系，可以是相互之间产生对比、类比或者是其他的显而易见的联系，帮助学生理解知识点之间的逻辑架构。根据卡图那（G. Katona）对意识记忆和机械记忆做的对比实验研究，意义识记对于学习者的长时记忆有非常大的帮助。所以，在课程设计的过程中，建立 VR 场景内的知识点的相互联系会从更大的程度上来提高学生记忆和学习的效率。

2. 建立 VR 体系化课程内部的相互联系

同样，VR 内容制作团队在提供给学校方案的时候，课程应该是成体系的、连续的课程。后面的知识点是前面知识点的进一步拓展和延伸。连续的课程会帮助学生对学科知识整体架构形成更清晰的认识，而不是仅仅通过 VR 来展示毫无关系的、支离破碎的学科内容。

第二，外语习得课程难易度设置——遵循克拉申的"i+1"语言输入假设

在我国，英语学习属于外语习得。英语的学习是目前我国中小学教育面对教育国际化的一个很重要的方面。所以，在这里，我特殊介绍一下在 VR 英语课程设计的过程中，要充分考虑到的一个原则：克拉申的"i+1"语言输入假设。克拉申是美国南加州大学语言学教授，他从 20 世纪 70 年代初便开始研究第二语言习得。在中国虽然英语是外语习得，但是在英语教学设计时，很多教师都将"i+1"假说应用到外语教学当中。其实，我个人认为，除了语言方面的课程设置，其他学科在课程难易度设置时也可以遵循同样的原理。

○ "i+1"语言输入假设

克拉申认为，理想的语言输入应具备可理解性、有趣又相关、非语法程序安排、足够的输入量的特点。只要学习者能够理解输入的语言，输入的语言又略高于学习者现有的水平，且有足够的学习量保证，习得就会产生。比

如，在生词量的设置方面，不能太难，否则会影响学生的理解和记忆，甚至给学生带来挫败感；又不能太简单，否则习得本身就失去了意义。

○ 不要在VR课程内容中添加有趣但与学习内容无关的元素

正如很多多媒体开发人员为提高媒体对于用户的吸引力，常常在多媒体内容中添加一些有趣的图片、背景音乐等。如果这些有趣的元素与课程知识点相关，可以帮助学生理解和记忆。但是如果添加的元素与知识点无关，则会对学生的学习造成很大的干扰。记得我曾经跟一个某知名VR头显公司的商务人员沟通时，她提到过自己曾经看过很多非常酷炫的VR教育内容，但是看了半天发现不知道讲的是什么。据我猜测，这种内容往往都是一些做游戏的团队"转型"做VR教育，从而做出这样的产品。事实上，这种产品不仅不利于课堂教学，还容易让学生对于学习产生错误的理解。

法国教育学家梅耶等人在2001年让学生观看解释闪电形成的动画（配有解说）。为了使多媒体呈现起来更有趣，他们在原来的文本上添加了一些有趣但与学习内容关系不大的句子和6段小视频。结果发现，观看了有诱惑性细节的多媒体的学生，较之于没有观看诱惑性细节的学生在回忆和迁移测验上的成绩都有所下降（分别下降15%和30%），这体现了诱惑性细节干扰学习的效应。

在VR场景下如果提供的元素大于知识点本身，其分心效果会更强。所以，制作内容过程中，切记所有的内容要与教学点相关，不要添加干扰因素。

○ VR教学内容时间的设计

1. 把握好整体时间的分配

一方面由于VR的制作成本高；另一方面基于现在的硬件和内容体验，一般情况下来说，一堂VR内容展示应用在实际的一堂课中的时间为10分钟以内。对于陈述性知识点的讲解、程序性知识点的讲解以及交互部分的设计，则需要根据具体的教学难点进行合理分配。

2. 保证学生的实际学习、记忆的时间

通过 VR 进行知识点（无论是陈述性知识还是程序性知识）介绍和拓展时，要充分考虑学生记忆的时间，在讲解过程中要适当停顿，给学生记忆和思考的时间。

3. 注意学生专注学习的时间

即使在 VR 情境之下，学生专注学习的时间也是有限的。所以在学生专注的知识点部分除了充分结合动画、特效等方面的设计，调动学生的学习兴趣，也要考虑到学生在一个知识点部分专注的时间长短。

教师在进行 VR 内容的设计过程中，要充分运用自身的教学经验，结合教育学、心理学、教学心理学等专业知识，通过 VR 这种科技，从最大程度上帮助学生提高学习的兴趣和动力，以及学生的学习效率。

第三节　VR 课程制作，各环节之间的贯通

VR 课程的制作需要一个完整的创作团队，遵循一定的步骤来制作，至少包含课程设计、情节交互策划、场景及角色设计、动画设计、美术制作、音特效制作、资源整合和技术实现等方面。

○ 课程设计

最先在课程设计时，需要完整地了解课程需要解决的具体知识点是什么，可以运用到的教学方法有哪些，内容如何 VR 化，是否适合 VR 化。我们在设计自己的 VR 课程时就经常会问我们自己，什么样的内容适合制作成 VR 内容，它是否有必要制作成 VR 内容，做成的 VR 内容与常规的平面媒体资源有什么区别。如果仅仅是将课本中的知识 VR 化展现在学生的面前，虽然在技术上有了质的飞跃，并可以吸引学生的注意力，但我们需要考虑到其效果是否能取代平面媒体，是否能达到不可或缺的需求层次，还是仅仅只是锦

上添花。打个比方，有很多 VR 教育产品将我们生活中的场景以各种各样的技术和美术手段重现了出来，使用全沉浸式的场景与焦点或触控交互的方式教导学生学习，比如什么是杯子、桌子、椅子、尺子、橡皮等类似这样的内容。虽然这种场景能够带领学生进入一个虚拟的世界学习知识，但在现实中或平面媒体中就可以很好地展示这类知识，这就使此类 VR 课程没有实质性的作用。VR 教育类公司应该充分结合各种基础教育方法学的领域，综合考量使用何种方法才能真正有效地利用 VR 的技术特点。所以课程设计方面如果没有一个资深并熟悉教法学的一线教师对内容进行分析及研究的话，将会对最终产品是否会被市场接受产生极大的影响。并且，这个身为设计者的教师还必须具体了解 VR 技术的理论技术基础，熟知 VR 的特点及教学中可能实现的功能。这也是虚拟现实课程制作中为什么课程设计是最重要的环节之一。

情节策划

课程情节的策划环节，是除了课程设计这个贯穿虚拟现实课程外的另一重要环节。如果把设计比喻成灵魂，那么情节策划就是骨血，支撑起整个课程的架构及贯穿每个环节。因为虚拟现实技术的特点，使它与传统媒体内容的策划有着巨大的差异。传统媒体均是以平面形式展现在使用者面前的，如书本、报纸、影视，即便是 3D 影视作品，也是在固定了使用者视角的前提下进行策划和制作的。而 VR 则是完全解放人类的颈部和眼球，让人在虚拟环境中可以毫无限制地用各种角度去观察场景内容，这给予使用者极大的自由度与体验度。这一特点也要求 VR 内容的策划人员必须要有较高的空间想象力、环境感知力、跳跃思维能力、情景联想力、对 VR 技术的深刻理解力及大量的知识储备等。VR 策划者在策划内容的过程中，要充分考虑如下方面。

第一，在策划课程之前要完全地将空间内可能产生的角色、道具、环境、气候、文化、历史、时间等细节因素考虑到制作中。虚拟现实既虚幻又真实，它的真实就体现在这些因素中。只有将这些因素有机地结合进产品主线中，才能有效地提高情境真实感，让 VR 内容亦真亦幻。一旦对于某一因素考虑欠缺，便很可能给产品的效果带来极大的影响，尤其是在 VR 课程的设计中更是如此。教育本身就是严谨的，如果考虑得不够完善，不仅将会影响学生对知识的掌握，甚至可能会影响他们的一生。

第二，是针对故事情节连贯性的技术衔接问题。由于 VR 的全沉浸体验机制，因此使用者不会跟着主角或摄像机视角观看，这就要求在设置情节的时候要考虑到如果观者没有看向主方向时，镜头该如何移动、情节该如何发展。如果不考虑用户观看方向的问题就移动，势必会产生眩晕感，而有些情景却又无法避免这一问题。有人会说我们可以预先设计一些交互触发点，只要用户看向这些交互点就可以继续讲故事了。这确实是一种解决办法，但是会使故事情节有明显的"暂停"感，而且场景中其他的角色该做出何种反应等问题，需要在策划时就要注意考虑。

第三，就是和教学内容的结合，即如何将课程设计中的教学痛点和教学目标有效地融合到策划的场景中（这要求充分融合一线教师的教学内容设计等方面，详见本章第二节），让学生在使用的同时不会产生突兀感及抵触情绪，那就是真实的融洽感。只有虚拟事物符合我们对外部世界真实认知的感受，才会让知识的融入显得自然而顺畅。

综上所述，所有的课程策划都是围绕着情境上真实的"合理性"而展开的，而这些真实性与画面是否真实并不统一，因为不管我们把美术效果做得多么符合真实世界，在主观情境中使用者也不会认为这是真实的。只有通过其他方面的"合理性"来使虚拟世界更加"真实"，才能使学生在学习中学得扎实、学得饱满。

○ 美术场景及角色设计

场景及角色设计与情节策划在某些层面上是有一定交叉的，那就是合理性。这需要设计师对事物的生长规律、事物的依附现象、自然环境的构建、情景细节的把控、物质的特点、光影的应用、VR 平台对美术的需求、不同环境下如何才能展现最佳效果等因素有足够的经验和审美观。一个好的美术师可以把策划想要表达的情景展现出 150% 的效果，因为策划更多的是从制作的严谨性与合理性出发，而美术则是以审美、严谨性及合理性三个方面为要素，在策划出的情景中根据自己的审美及经验对其进行再加工和升华，在美学的基础上将严谨性与合理性继续发展，并根据不同用户群体的审美及年龄特性对产品进行艺术性的加工。比如小学低年级的学生（因目前VR硬件产品尚不完善，建议学前儿童使用须谨慎）对艺术内容的欣赏还达不到产生自我的审美观时，就要将内容设计成该年龄层可以接受的卡通画风。而高年级的则要设计得接近现实又要超越现实，因为这个年龄段的学生正处在一个特殊的年纪，网络用语是"中二"，即处于认为自己是外星超人的后裔、具备拥有超级能力的血脉、是命运坎坷沦落他乡的贵族子弟等的幻想中。超过以上两个阶段的就要更加接近现实的情景。不过真正需要注意的是内容既要炫酷却又不能太过炫酷，如果内容场面太过炫酷会将学生的注意力分散，并弱化教学内容重点而变得喧宾夺主。但画面太差，又会让学生兴趣平平，因没有亮点而枯燥乏味。我更喜欢用的另一个比喻是：如果一个老师太漂亮，班上学生的注意力都会被美丽的老师外表所吸引，而不会专心地学习；如果老师不够漂亮，讲课又乏味无趣，则大部分学生会对该学科产生抵触情绪。这两个示例要说明的就是，不管美术可以达到何种效果，最终的目的应该是服务于课程设计的课堂目标的实现，而不是无限制地展现美术效果。因此，在场景及角色设计时要对当前应用环境及目标做出相应调整，并掌握好美术效果的展现程度，以更好地烘托知识要点。

○ 动画设计

在场景的艺术效果之上，则是角色、事物与环境的互动。这里说到的互动并非我们说的VR中用户与场景的交互，而是每个事物在真实情境下的互动，也就是动画设计。因为每个事物存在于这个世界上都不是完全独立的，它们或许是一个个独立的个体，但又和世间万物产生交集，彼此联系。从事物之间的联系上说，比如当风轻轻吹过树梢，在春夏时节会让树叶轻轻摇摆，在秋季则会带起一片片落叶；白天，在风吹拂树叶时影子会在地上随着树叶晃动，而晚上则只能听到沙沙的树叶声。从独立个体角度上说，一块石头在被丢出去后会受到惯性和地心引力的影响，在向前飞行的同时被引力影响而向地面呈弧线状下降；当接触地面后又持续受到惯性的影响继续向前移动，直到动能彻底消耗。物体动画设计时要涉及物体质量与物理特性的计算，要符合以上两个条件才可以更完美地展示"合理性"。就如同我们为何更喜欢看好莱坞的大片中的爆炸、坍塌等动画特效，因为这些"动画"都符合真实世界中物体的物理特性，它们可以欺骗我们的眼睛，让我们认为那是真的。再来说角色，角色包含人物等一切活着的生物，这里不光要考虑它们的质量、物理特性及事物交互性，还要考虑骨骼与肌肉的联系和力量。当一个人在投掷一件物体的时候，一定不是只有手臂和手来完成这一动作，而是几乎涉及全身肌肉的一个系列动作。就如一部国产电影动画，里面有一个镜头在当时被作为宣传视频中的重点画面来播放，其中两个不同种族的外星人挥舞着武器互相碰撞在一起，他们的武器在碰撞后如同"粘"在了画面正中央，这就很不合理。任何事物都是相对的，任何情况下也不会出现完全的平衡，总会出现力量较大的一方。所以我们在设计动画的时候也要遵循"合理性"这一原则，在制作课程时要非常严谨，否则会对学生产生错误的引导。

○ 音效的设计

音效的设计也是一样的，必须遵循合理性来制作。听觉是我们在生活中非常重要的感官之一，如同视觉、触觉、嗅觉和味觉一样重要。我们可以通过声音分辨远近、位置、材质、事物，甚至是大小和重量。在我们生活的环境之中处处充斥着声音，哪怕是在极静的深夜里，也许我们的耳朵已经听不到声响，但声音就围绕在我们身边，比如草丛中小虫扇动的翅膀、不远处的树叶飘落、被清风吹拂的树叶等，这些声音细小到除非我们贴得非常近才有可能听得清，但实际上这些细碎而杂乱的声音组成了一个一直绕在我们身边的"环境音"，而就是这个环境音告诉我们身处何方，让我们觉得真实，有安全感。比如在一些音乐作品中也会用到这样的环境音，当然他们会放大这些声音以获得更好的艺术效果。再有就是细节上的匹配，比如鱼在水中游动时的声音，慢慢游动、快速游动、受惊时及打斗时游动的声音等，这些都要配合在水中场景下不同情况产生的动作动画。再如角色走在路上、土地上、铺满石子的小路上、草地上，以及在潜水、及腰的水中等时，配合的音效就要产生变化。这里就用一款知名的网络游戏《魔兽世界》为例，其中不管是任何角色和物体都有自己的"声音"来诉说自己的故事，当你将背景音乐及场景音关闭并放大音量后，你会发现当地上小虫在你身边经过时你可以清晰地听到它们爬动的声音，这就是声音的细节与合理性。而其他国家及国内的一些游戏在这些细节方面则有着很大提升空间，我们在制作 VR 内容时更要注意这些细节，并且还要考虑 3D 立体音效与声场距离等问题。声音虽然无处不在，但它们有自己的传播距离，声音较大，传播距离较远，声音较小则传播距离较近，而一些不会靠近观看者的元素，在节省资源的情况下则可以完全不必考虑音效的问题。

○ 技术实现

最后就是技术对所有资源的整合与 VR 内容实现的关键步骤，这不仅需要程序工程师对故事情节有深度的理解，也要求他们对美术、动画、音频等有一定程度上的了解。如果程序工程师对这些内容没有理解，则需要情节策划者在所有元素都齐备的情况下兼顾导演的职责，来指导程序工程师将 VR 内容完整地呈现出来。这就是为什么情节策划在整个制作过程中的位置如此重要。如果策划者对技术了解程度不深，或者刚刚接触 VR，便会出现情景考虑不完善，内容不断返工的情况。因为在程序实现的时候，之前构架的一切都会以最直观的形式出现，这时在情节、场景、动画、音效等方面出现的问题就会变得明显，如果本身策划得并不完善就会产生连锁效应，团队中的所有人都会被调动起来补救这个错误。这就是为什么很多公司在制作 VR 内容的时候不停地返工的主要原因，也是最终拖垮很多初创型公司的重要因素。

所以要制作一堂完整有效的 VR 课程，一个完整而有效的团队及流程是至关重要的。这就是为何行业内的一些公司聘请了很多一线教师、策划和技术人员一起共同开发设计 VR 课程，开发了几个月，烧掉了上千万元的资金后毅然转型的原因，也是一些 VR 教育公司只做硬件而不碰触内容的主要原因。

第四节　通过VR激发和培养学习动机

○ 现象

我在十几年的教学过程中，经常碰到以下几类学生，相信很多教师在每个班级都会遇到下面这几类学生：

学生甲：每天听课时不需要教师特别引导，教师提出的每个问题都积极回答。不需要特别叮嘱他完成作业，他甚至每天自己会额外"找任务"。在听课过程中，如果说哪个地方是重点或者是难点，他一定要想办法攻克。教师布置某一个课后完成的任务，他总是带头查找各种资料，而且，在课堂展示的时候，他永远都是最积极最踊跃的。这种学生，成绩总是班级的前几名，升学考试也一定进入重点学校、重点班级。

学生乙：老师讲课时如果讲到他喜欢的内容，他会非常认真，对老师提出的问题也会积极回答，主动参与完成各项教学安排。但是如果是不喜欢的内容，他就不听，甚至会在课堂上做不相关的学科内容。有严重的偏科倾向。学习主要是看自己的兴趣和情绪。在考试中，因为有些内容是自己特别擅长、特别喜欢的，可以得很高的分，但是同时也因为自己偏科，很多地方没有学到，成绩往往处于中上等，升学考试一般都是进入普通学校、普通班级，也有部分学生在考试中运气较好，碰到的都是自己擅长的部分，同样也可以凭较差的成绩进入重点学校的重点班级。

学生丙：无论如何就是不喜欢"学习"。跟他谈学习之外的事情，他非常有兴趣，但是一提到"学习"二字，就立刻表现出厌烦的态度。这种学生往往学习成绩在班级较差，课堂活动参与也非常少。他很擅长除主科课程之外的很多课程，如体育、音乐等项目。班级组织的集体性活动非常积极参与，而且可以为班级争光。但他就是不喜欢每天看书本。他情商非常高，智商也很高，只是不想把精力用在"学习"（我们传统概念上的学习）上面。这种学生考试的目标就是及格万岁。升学考试时要么是因为某项特长而被破格入选，要么就是进入普通学校。

学生丁：对于学习说不上厌烦，但是一直成绩平平。心里非常想好好学习，想名列前茅，也不希望辜负家长和老师的期待。内心的学习动力和外界的压力让他每天都坐在座位上看书、写作业，但总是在为了完成任务而完成任务。每次考试也很关心自己的成绩，但是一直以来都是失望。久而久之，不知道自己擅长什么，只知道应该学习，甚至觉得自己是为了家长而学习。

当然，教学过程中，还有很多其他类型的学生。在上面我所提到的学生中，学生甲是先天性的"自带学习动机"类学生。这种学生不需要教师在教学环节特殊照顾，但是学习的积极性仍然从教师那里得到反馈和肯定；学生乙的学习是典型的以学习兴趣为驱动，对于有兴趣、得到成就感的学习内容非常积极，但是对于没有兴趣的学科就是毫无学习动力。这种学生的学习兴趣一方面是从学科本身得来；另一方面是从任课教师的培养和重视得来。对于不感兴趣的科目，他需要相关教师调动其学习乐趣，进而让他产生学习效能和成就感；学生丙属于典型的缺乏学习动机的学生，不仅没有学习兴趣，无法产生学习效能感，而且不能通过学习得到学习成就感，而他的学习成就往往通过主课课程之外的其他事物得来，这类学生有很大的潜质待相关任课教师调动和开发；学生丁虽然有学习动机，但是没有乐趣，无自我效能感和成就感。尝试之后的失败让学生丁毫无学习成就感。对学生丁的培养更需要教师从多方面进行引导，尤其需注意负面归因论和负面自我价值论的形成，即将学习的失败归咎于运气不好，或者是对自我能力的否定和不认同。

以上的几类学生，由于学习动机的不同，学习的表现和结果差别明显。可见，在教学过程中，教师的一项重要任务是培养学生的学习动机。那么，学习动机到底是什么？在教学过程中如何培养？教师在培养学习动机时面临或要注意哪些问题？

○ 什么是学习动机

学习动机是动机在学习活动中的表现。根据动机的概念，我们可以把学习动机定义为引起和维持个体进行学习活动，并使活动朝向一定的学习目标，以满足某种学习需要的一种内部心理状态。学习动机是直接推动学习行为的原因和内部动力。知识价值观、学习兴趣、学习效能感和成败归因是构成学习动机的主要内容。

培养学生的学习动机至关重要。教师在教学过程中应该通过各种方式促进学生学习动机的形成。在教学过程中，教师应该先培养学生的学习动机。

学习动机的分类

学习动机对学习的促进作用表现为决定学习的方向、增强学习的努力程度、影响学习的效果。心理学从不同角度把动机分为生理性动机和心理性动机、内部动机和外部动机、间接的远景性动机和直接的近景性动机、高尚动机和低级动机、主导动机和辅助动机、意识动机和潜意识动机，这些分类方法也适用于学习动机的分类。

哪些因素影响学生的学习动机

人民大学出版社的《教育心理学》教材中提到，影响到学生的学习动机的主观因素和客观因素分别包括如下内容。

（一）主观因素

1. 需要与目标结合。
2. 成熟与年龄特点。
3. 性格特征与个别差异。
4. 志向水平与价值观。
5. 焦虑程度。

（二）客观因素

1. 家庭环境与社会环境。
2. 学校教育。

虽然学校教育属于客观因素，但是，教师对学生潜移默化的影响也会造成学生的个别差异以及树立学生正确的价值观，进而从主观上激发学生的学习动机。在教学过程中，VR可以是一种非常有效地激发学习动机的手段。

如何通过VR激发学生的学习动机？

首先我们先来了解下学习动机理论及其根据这些理论培养学生的学习动机时所遇到的问题，然后再探讨一下VR可以提供的解决方法。《教育心理学》教材中提到7种引起学习动机的理论：强化论、自我效能论、需要层次论、成就动机论、归因论、自我价值论和目标定向论（部分选取）：

（一）学习动机在教学中的培养方式以及所面临的问题

强化论指出，人在学习过程中受到的奖励和惩罚，均会成为刺激人们对学习动机的助燃剂或冷却剂，很容易让学生产生为趋奖避罚而读书的心态，以追求高分为目的。这并不利于产生主动积极的求知热情，会阻碍学生人格的全面发展，对素质全面发展的促进作用微乎其微。而在常规教学中如何因人而异地对学生学习进行强化是非常困难的，这需要教师完全掌握每个学生的学习状况、心理状态、兴趣方向等因素。而又因学科之间的拆分与1对N的教学现状，使得只有少数学生受到学习奖励的强化，逐渐造成了学生优劣分化差距增大。

自我效能论在教学中往往指学生在学习这一特定工作中是否具有高度效能，即学生是否能够完成学习这项工作的主观判断。当学生在学习时会对自我效能进行评估，对学习内容的了解和掌握情况以及根据经验对自己实力的评估，其中经验部分也会涉及强化论中奖罚的强化刺激反馈。当学生感到自己有能力完成学习任务时，才会产生高度的自我效能，才会努力学习，反之可能会对情绪即身心情况产生负面影响。且在教学中教师促进学生自我效能产生需要注意根据具体目标，进行明确的评估。根据个体评估结果设定具有一定挑战性，通过努力可以实现的短期子目标，以达到长远目标的实现。这对于教师的教学水平需要较高要求。如果教师无法根据每个学生的自身特点来促进每个学生的自我效能的培养，很多学生的学习动机无法有效调动。

需要层次论，不仅对教学动机有精辟的解释，也对学习动机的长期发展有着巨大影响。人类的需求可以分为生理需要、安全需要、归属于爱的需要、尊重需要、认识与理解需要、审美需要、自我实现需要。往往我们在理解这些需要层次时都将它们拆分为单层次使用，但是不论在任何情景下，学生只有在各种缺失性需要得到满足后才会不断成长，达到自我实现的理想境界。

在现实的学校生活中，学生最主要的缺失性需要往往是爱和自尊，只有民主、公正、理解、爱护、尊重的教学环境，才有可能使学生产生学习的热情、克服困难的意志和创造的欲望，而这就是我们常说的教育公平性（对于 VR 如何促进教育公平详见第五章）。虽然需要层次论对学习动机的促进具有深远的意义，但忽略了个体本身的兴趣、好奇心等在学习中的始动作用。兴趣才是最好的老师，只有在兴趣的驱使下通过其他需要层次的满足，才能有效地提升学生学习的热情、攻克挑战的决心和创造的想法。

成就动机论，指成就动机促使人追求较高的目标，以较高的水平达到其目的，追求成功回避失败的内在心理倾向。其中成就可以满足个体在群体中尊重的需要，可以满足自我实现的需要，是一种精神上的动机。在学习中学生往往通过习得某项特殊技能、获得某种特殊奖励而得到同学敬仰或自我认同，这些往往并没有实质性的奖励，却可以促使学生在某些特殊领域获得认同，并促使学生在某一方向持续性地努力。而在实际的教学过程中，很多教师无法在教学过程中发现并培养每个学生学习的成就感，进而使部分学生丧失"成就学习动机"。

归因论是最能反映认知观点的动机理论，人们通常将自己行为结果的成败归为能力强弱、努力程度、任务难易、运气好坏、身体状况和其他因素（除前 5 种因素外的外部影响因素，如别人的帮助、教师的教学水平、评分是否公正等）。美国心理学家维纳提出了归因理论（attribution theory），他认为当个体将成功归因于能力和努力等内部因素时，会产生骄傲、自豪感，从而增强自信心和动机水平；将成功归因于任务容易、运气好、别人帮助等外部原因时，则满意感较少。当个体将失败归因于能力弱、不努力等内部原因时，会产生愧疚感；将失败归因于任务太难、运气不好或教师评分不公正等外部原因时，则较少产生愧疚感。无论成败，归因于努力比归因于能力会产生更强烈的情绪体验。努力而成功会让人感到愉快，努力而失败的人也应受到鼓励，不努力而失败会让人感到愧疚。这与我国传统观点是一致的。这使得教师在传统教学的实际操作中需要对所有学生的能力有明确的掌控，并时刻观察学生能力曲线的提升及根据能力高低与努力程度，给予恰当奖励与评价，而在课堂教学过程中，教师也很难照顾到每一个学生。

自我价值论则是从学习动机的负面着眼，探讨有的学生为什么不肯努力学习的问题。自我价值感是个人追求成功的内在动力,学生自幼就体验到成功使人感到满足、自尊心提高、产生自我价值感,而成功的需要使人克服困难,因此,能力、成功、自我价值感三者之间就形成了一个前因后果的连锁关系:能力使人成功,成功使人产生自我价值感。该理论与之前的成就动机论看似相同,自我价值论中却将学生的努力与能力归因于年级的升高及竞争的成败经验,从而对能力与努力因素对成败的影响发生改变,从努力使人成功的观念逐渐向能力低的人才努力转变。从认同努力到认同能力观念的转变,就是他们学习动机降低的原因。如何在传统教学过程中提升学生对自身能力强弱的认同、同学间能力感的平衡及努力的重要性,是教师需要重点关注的问题。

目标定向论早期被划分为两类,即掌握目标与成绩目标,一种是以掌握知识提升为成功目标;另一种是以学习为手段,用成绩来表现自己的能力为目标。近年来成就定向论从二分法的基础上,通过趋近与回避被划分为四种类型的成就目标,如表6-1所示(该表出自张大均主编的《教育心理学》一书)。

表 6-1 成就目标的四分法

	趋 近	回 避
掌握目标	关注知识的掌握和能力的提高,评判成功的标准是自身的进步及对知识的理解深度(类似于之前的掌握目标)	关注如何避免不能完成任务的情况,判断成功的标准是在任务中不出错
成绩目标	力求在考试中取得好成绩、好名次来显示自己的聪明才智,不太关注对知识的深入理解,只要超过团体中的其他人就感到满意	力图避免因在考试中分数低或排名靠后而让自己显得愚笨,只要在团体中不是最差的就感到满意

在该理论中,成绩目标的分类与最早的强化论相近,均是以趋奖避罚(心理或生理)为基础的,对学生学习动机的培养与人格的全面成长并不能起到有益的效果。

(二)VR 技术有效提高学习动机

从上面的动机理论中我们可以看到,每种动机理论都有各自的局限性,并不适合独立地直接应用在某一类教学及学生群体中。每个学习动机影响因素间都是相互联系且相互补充的。在传统教学中存在着各种各样的问题,很难完美地将各影响因素有效地结合起来。

传统教学场景遇到的问题以及对应的学习动机理论

在教学情景中教师与一个班（40人为例）的学生学习交流时间为45分钟，教师不可能在有限的时间里完全了解学生在学习过程中的情绪状态如何、身心状态如何、是否遇到问题、是否对学习内容感兴趣，而常规教学中学习内容平面化，需要学生对内容进行自我想象，但因为经验、阅历、家庭环境、身体状况等因素影响，大部分学生在过多的信息中无法迅速甄别出重点知识，又因教学时间等因素影响，极易出现学生知识接收中断、教师由于某种原因忽略学生的情况，造成学生最终学到的知识点丢失或理解错误，导致学生失去学习兴趣，影响学习动机。教学过程中，有可能出现如下负面（学习动机不足或缺失）情况。

- 学生因长期做错某道题被教师罚抄10遍，而惧怕该学科教师或者是这个学科。（根据强化论，教师的惩罚成为刺激学生学习动机的冷却剂。）
- 学生因为自身经验不足而觉得无法完成教师布置的教学任务，放弃执行。（根据自我效能论，学生评估自我能力后，无法产生足够的自我效能，进而失去学习动机。）
- 学生在听课时由于坐在教室的角落里被教师忽略，因而缺乏学习动机。（根据需要层次论，学生没有得到教师的足够重视，无法产生足够的学习动机。）
- 学生觉得教师教学水平不够高，而对课堂内容失去兴趣，放弃听课，导致该学科考试成绩差。（根据归因论，学生将学习结果归咎于教师的水平不佳而没有学习动机。）
- 学生虽然努力学习并积极发言，但是无法从教师处得到认可和奖励，而没有学习成就感，进而学习态度变得消极。（根据成就动机论，因教师没有及时学生取得的成绩做出认可和表扬而让学生失去成就学习动机。）
- 学生长期努力，但是一直都没有得到肯定，从而放弃某一学科，上课偷玩游戏。（根据自我价值论，学生的自我价值得不到体现而完全失去学习动机。）

● 学生在班级成绩差，班级排名一直在最后几名。（根据目标定向论，因为学生成绩长期不如其他同学而丧失成绩目标。）

上面的 7 种情况，如教师在教学过程中，能够通过很好的课程设计，有足够的时间和精力照顾到学生的各个方面的需求，及时关注学生的心理状态，有些情况完全可以避免。为了让学生产生足够的学习动机，教师应该在课程设计、每个教学环节及时关注学生的心理状态和变化，才能最大限度地激发学生的学习动机。VR 技术便可以通过精细的编排、趣味化的展现手段、公平公正等方式有效地结合不同学习动机，有效提升学生的学习兴趣。

○ VR如何对每种学习动机理论进行有效支持与帮助

VR 通过身临其境的画面，让全班学生同时置身在相同的空间（通过 VR 展示教育公平，详见第五章）。它通过极强的真实感及参与感，使学生可以在这段时间内全身心地沉浸其中，充分激发学生的好奇心，全方位促使学生主动探索，提升学生学习兴趣，并且使学生对所获取到的知识产生强烈的印象。

与传统课堂不同，VR 课程将抽象的文字、静止的图片用更直观的立体场景展示出来，将新知识点与学生熟悉的场景结合起来，并使学生身临其境，可以让学生在接触新鲜知识的同时，与已有的知识和经验产生关联。学生通过结合已有的知识和经验，能够更快地接受新知识，并产生正面的自我效能评估，树立学习自信心。因所有学生接触同样的情景及内容，学生会主动认同教学情景是公平、公正、民主的，所有学生都会觉得自己受到了同样的尊重。

因自我效能的正面评估，在学习任务中学生会通过其他同学获得奖励的行为获取正面经验，逐步建立自信心并努力获得奖励，而成功获得奖励的体验会使学生感到满足、自尊心提高，并产生自我价值感。通过自我效能评估、正面强化、自我价值感提升三方面的因素，可以使学生获得自我认同，产生继续获得成功的成就动机。VR 学习内容以知识掌握为主要目标，在情景创设时让学生在场景中取得成功体验，体验到努力就能取得成功，引导学生积极归因,并增强学生对下一次活动成功的期待,产生良性的情绪体验。

综上所述,创设完整 VR 教学内容可以有效地整合各种学习动机理论。在 VR 学习任务中,教师可以通过兴趣学习的始动作用,有效强化学生学习自信,让学生产生良好的自我效能及自我价值评估,并以知识掌握为目标,进行良性的成败归因总结,以帮助学生取得更好的成功体验,最终获得自我认同及成就动机。

○ VR教学实践检验

在一个学期的 VR 教学过程中,我通过结合 VR 技术和以上的各种教学理论,发现学生的课堂(以 VR 科学英语融合部分的英文学习为例)表现出如下的良性连锁反应。

学生 A(在班级学习成绩靠前,平时课堂表现积极,见图 6-1)。

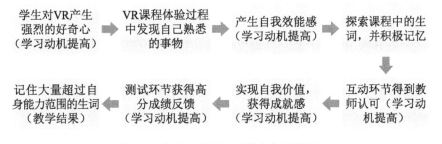

图 6-1 学生 A 的学习动机产生过程图

学生 B(在班级学习成绩居中,平时课堂表现一般,见图 6-2)。

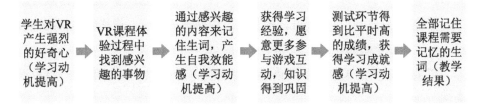

图 6-2 学生 B 的学习动机产生过程图

学生 C(坐在班级的角落,很少参与平时的课堂活动,见图 6-3)。

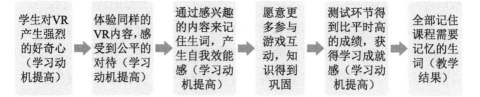

图 6-3　学生 C 的学习动机产生过程图

解释：

学生 A 有很强的学习动机，属于积极参与课堂活动的类型。他体验 VR 课程时，可以迅速发现自己熟悉的知识点，通过熟悉的知识点产生自我效能感，迅速记住生词，同时提高进一步学习的动机。在接下来的教学环节中，他通过之前的 VR 课程环节获得的自我效能感进行评估，记住教师在接下来的教学环节中的知识延伸点和拓展生词（包含部分超纲内容），在测试环节中获得高分肯定，进一步提高对 VR 课程的学习动机，最终不仅记住 VR 课程内的所有生词，同时记住绝大部分拓展知识和生词，实现非常好的教学结果。

学生 B 学习动机一般，在课堂中属于主动性不强的类型。他体验 VR 课程时，发现了自己感兴趣的内容，主动学习记住生词，产生自我效能感。在接下来的教学环节中，他更愿意参与到游戏互动中，知识得到巩固，在后续测验中取得更好的成绩，获得更强的成就感。最终他能够将课程目标生词完全掌握，并记住部分扩展知识内容。

学生 C 由于所处位置受到教师的关注度不高，同时自身学习主动性很弱。他在体验 VR 课程时，感受到公平对待，因此提高了学习意愿，并能主动找到感兴趣的学习内容。在接下来的教学环节中，他主动地参与到了游戏互动中，测验成绩较以往有了提升，他从学习中获得成就感，最终能够将课程目标——生词完全掌握。

以我们公司的 VR 科学英语融合课程的一个场景中所讲解的一组单词为例：

pole 极点　　　　north pole 北极　　　　Arctic 北极

在我的 VR 课堂教学中，实际的课堂表现如下。

学生甲可以很容易通过已获得的知识（即持有者现有的认知水平范围内

的知识点）hole（洞口）这个词记住 pole（极点），通过 VR 这种超强视听的环境以及 VR 课程的故事情节和场景设计，可以轻易记住 north pole（北极）。在教师课堂延伸讲解部分，他可将"北极"的另一个表达方式 Arctic 记住，而 Arctic 属于严重超纲的单词（初中词汇）。这样，学生甲可以轻松记住的是 pole、north pole、Arctic 这三个词。在之后的互动教学过程中，他主动参加到课堂游戏中，对此部分所学到的内容加以巩固，进而在测试环节中将所有的词正确无误地拼写出来。

学生乙因为平时英语学习态度一般，不会主动将知识进行有效分解并建立联系。在 VR 课程学习中，他通过 VR 这种超强视听的环境以及爱徒 VR 课程的故事情节和场景设计，可以轻易记住 north pole（北极）。在听课堂讲解的过程中，他能记住 pole 的意思是"极点"。但因为难度过高（超过"i+1"范畴），他无法记住 Arctic 这个词。在之后的互动教学中，通过参与课堂游戏，他能记住 pole、north pole 这两个词，并可以在测试环节正确地将其拼写出来。

学生丙因为学习态度不积极，仅仅是通过使用 VR 课程记忆 north pole（北极）。在之后的课堂教学中，他也不会去主动记忆 Arctic 和 pole 两个词。通过游戏环节，他巩固记忆了 north pole，最终可以将 north pole 正确地拼写出来。

由此可见，对于主动学习的学生，通过使用 VR，不仅可以迅速记住新的知识，并可以通过强烈的场景记忆，迅速提取有效信息，并跟之前已经获得的知识建立联系，从而记住生词，巩固原有的知识，探索知识之间的相互联系。

而对于学习不主动的学生乙和学生丙来说，他们依然可以通过 VR 的故事情节和场景，有效记住课堂的知识点，从而更轻松地记住并运用知识。

当然，对于英语的学习，不只是记忆单词，在 5 分钟左右的课程体验中，学生还可以记住句子。优秀的 VR 课程设计，可以让学生轻松地记住单词、句子，并正确地描述、造句，同时进行沟通。

因此，教师可以通过 VR 技术，有效地激发学生的学习动机，让学生主动学习，建立学生的自信，节省课堂教学时间，从而及时了解每个学生的学习状态和学习心理，进而提高课堂教学效率，真正地将技术为教学所用，为教学服务。

第七章
从零到一的突破

第一节　志同道合：做第一个吃螃蟹的人，找第一个吃螃蟹的学校

2016年8月，在VR教育和培训这个行业里大部分的学校还是demo（示范）课的阶段，我就在思考一个问题：如何让学校在demo课之后真正地让学生持续使用VR，将VR作为课堂的教学手段，而不只是让学校了解一下VR，为企业做一次PR（public relations，也就是中文"公关"的意思）。看到行业内很多公司花钱请媒体报道的，都是"×××小学体验VR课程"。报道模式包括电视采访、新媒体报道、微信公众号信息等。但是，除了demo课以外，很少有学校真正地引进VR课程作为常规的教学手段。

◎ 提前准备好几块"敲门砖"

几经思考和讨论，为了能够让我们公司的课程真正地走入学校，9月之前我们必须要准备好下面几块"敲门砖"：（1）真正满足课堂需求，可以满足教学痛点及贯穿课堂整体的课程进行展示，让校领导和老师认可VR课程的实用性及便捷性；（2）拥有完整的体系化课程，不只是几节简单的demo课，或"课程列表"；（3）明确的课堂一体化解决方案、教学管理方案和课程服务方案。

为了配合VR英语课程的教学，我还特别制作了VR课程图书（由我亲自编写的文本材料），作为配套教材提供给学校，可作为教师备课的参考资料及学生教材；而在课程内容方面，结合我英语教师的出身，这套拥有完

整课程教学解决方案的课程以英语为核心。我给这套课程取名为"爱徒 VR English+ 课程（后来更名为爱徒 VR 科学英语融合课程）"，将英语教学结合其他相关学科知识，通过 VR 来进行课堂教学。

与之对应的 VR 课程内容已经做好，第一块"砖"和第二块"砖"，我已经准备妥当。需要我集中精力解决的是第三个问题：什么样的价格才能够被学校所接受？全中国有大大小小几十万所小学，每所小学的特点和情况都不同，这就需要根据市场境况对产品及价格进行适当的调整，才能做到适应市场的需求。这样，一旦我的课程 demo 受到学校认可，校方一定会关心两个问题：（1）你们公司能提供多少课程？（2）有什么样的价格和管理方案？除此之外，我也要准备好应对他们可能问到的其他问题。我已经选好了几种不同的 VR 设备推荐给学校，当然不能太多，只能推荐我觉得最适合的设备；另外，为了应对学校经费紧张，不能大规模采购 VR 设备及建设专用教室的情况，我还准备了一套性价比高的轻量化 VR 方案供学校进行选择。那么，下一步就是正式向学校推广我们公司制作的 VR 课程。

在拓展市场寻求志同道合的学校方面，我和公司是幸运的。所谓志同道合的学校，即学校本身不仅接受创新的教学理念，而且愿意一起跟公司进行尝试。当我第一次把我的 VR 课程以及提前打印好的课程文本展示给首都师范大学附属育新学校（以下简称育新学校）的校领导和教师时，他们很认可，而且他们果然问到了我预想的问题。鉴于我们之前做的充足准备，我很容易赢得了在首都师范大学附属回龙观育新学校（以下简称回龙观育新学校）进一步展示课程的机会。显然，我在成功的路上已经踏出了第一步。

○ 亲自上阵，历经重重"关卡"考验

我在展示课程的过程中，并不仅仅是直接把 VR 课件和课程文本材料展示给学校就草草了事。接下来需要我做的是，给所有教师做一次公开展示。这次公开展示的对象并不是学生，而是相关课程教师。虽然很多老师之前都了解 VR，但是对于将 VR 融入课程在当时（2016 年 9 月初）还没有可以借鉴的实例，也有部分老师从未体验过 VR。对于什么是 VR，VR 在教育方面的应用以及它的好处，还有我们公司的 VR 系列课程的介绍和优势等方

面我做了详细的说明和解释。回龙观育新学校的教师们对我的 VR 课程公开展示表现了很大的兴趣，而科学组组长郭宴伟老师为我们找来两组学生，让我在接下来的一周做两次公开课展示，而这正是我和公司所期待的结果。

第一次公开课

2016 年 9 月 19 日，我们公司上了第一堂 VR 科学英语融合课。上课之前，我还是挺紧张的。虽然我从高中毕业开始，已经给很多不同年龄的学生讲过课，也包括小学生，但是我近几年的教学经历主要都是针对大学生和高中生。针对自然班级的小学生正式授课，还是通过 VR 这种方式，对我来说也是一个挑战。

公开课选用的设备是一个合作伙伴的一体机 VR 头显，授课对象是回龙观育新学校的四年级到六年级的学生，选取的课程是关于"宇宙和众神知识"的科学英语融合课程。课堂教学安排方面，45 分钟的教学时间主要包括如下 7 个环节。

1. 背景知识导入。
2. VR 教学内容体验。
3. VR 知识点回忆（记忆提取）。
4. 知识巩固和拓展。
5. 课堂互动。
6. 随堂测试。
7. 问卷调查。

授课过程中，学生对我们的 VR 课程表现了充分的好奇心，感受到极大的乐趣。体验一次 VR 内容，绝大部分学生可以非常轻松地记住其中的科学介绍内容，完全不需要我的提醒。而在英文教学部分，他们也可以很轻松地记住 80% 以上的内容。也就是说，在 5 分钟左右的 VR 课程内容体验完毕之后，学生已经记住了绝大部分的知识点（我所设定的英语部分的教学目标），而在接下来的课程环节方面，主要就是教师对学生知识的巩固、拓展和互动教学。所以，我有大量时间给学生拓展知识并解答学生的各种疑问。令我欣喜的是，学生们回答问题踊跃，积极发言。在教学互动环节，学生们都非常开心,争相参与。虽然游戏是针对英文知识的考核,但是学生表现得没有一点负担,完全是在"玩儿"。随堂测试环节,学生的平均成绩达 99 分,优秀率达到 100%(约 5 分钟的随堂测试,是针对本堂课的科学和英语知识进行考核,包括英语和科学知识问答题两部分。第一次考核均为 VR 课程内容知识点,不包括课堂延伸,相对简单)。短短 45 分钟,我觉得很开心。而重点是,学生很喜欢。相比之前在大学生面前讲课时的"一本正经"和"侃侃而谈",给小学生上课的"轻松愉悦"和"情感收获"给我带来更大的成就感。

课堂调查

第一次公开课的最后环节是问卷调查:一方面验证一下我的课程受欢迎程度,另一方面也初步了解一下学生对于 VR 引进课堂的兴趣度。通过问卷显示,92% 的学生表现出浓厚的兴趣,并希望以后能继续以这种方式上课,请见图 7-1。

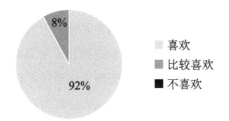

图 7-1 高年级学生对 VR 课堂的评价统计表

一个惊喜

让我感到颇为意外的是,回龙观育新学校的一个六年级学生居然对 VR 非常了解。虽然在学生们刚进入教室的时候,有些学生表示已经体验过 VR 技术,但当我听到有个学生在跟其他同学课前聊天时提到了"建模""贴图"等 VR 内容制作的专业词汇,实在是出乎我的意料,于是我对他进行了课前小"采访"。原来,他的家长从事 VR 行业,而且他自己也是回龙观育新学校"科学社团"的"小主编"。他和另外一个小主编在课前就对课堂使用的设备、教学材料进行了一定的拍摄。从他拍摄的动作和角度就能看出,他不仅专业性强,而且"职业素养"高。拍摄之前都要事先征得我的许可,才进行拍摄。在相隔一天的 AR 公开课上,两个小主编也过来旁听,并在课堂上拍了很多照片。他们告诉我,之后会在他们的社团公众号对这两堂 VR 和 AR 体验课进行报道(见本节花絮部分)。我对此非常期待。

在推广 VR 课程过程中,我注意到很多一线城市的孩子都体验过 VR 和很多其他先进的电子教学设备。而在很多相对偏僻的地区,教师和学生完全没有听说过 VR,更不用说体验和了解了。对于 VR 这种全新的科技,地域性的差异表现得非常明显。

○ 第二次公开课

相隔一天,2016 年 9 月 21 日,我带着我们公司的 AR 课程又一次来到了回龙观育新学校,这已经是我在这个学校的第三次公开展示了。相比之下,我淡定了许多,只是面对的孩子是一年级到三年级年龄段的,而提供的课程也是我们公司与合作伙伴共同开发的 AR 课程。因为这个年龄段的孩子们相对认字较少,我在课件中便使用了大量的图片。而同样的教学时间内,我的课堂安排依然包括上面提到的第一次公开课中的 7 个环节,只是在问题和问卷的难度上适当降低。低年级的学生对 AR 的好奇心溢于言表,这增大了爱徒课程正式进入学校的筹码。第二次的课堂问卷调查也显示 90% 的学生喜欢通过 AR 这种方式进行课堂学习。

○ VR课程还是AR课程?

因为 AR 课程用的是手机和 pad(平板电脑),低年级的孩子在课堂教学之外的时间(部分学生在完成测试和问卷之后)出现偷玩手机游戏的情况。低年级的孩子在控制力方面相对较弱,所以对科技产品本身的好奇大于学习本身,而来听公开课的教师也都纷纷表示 VR 课程更适合本学校课堂。我们跟学校的老师有一个共识:低年级学生比较适合 AR,如一二年级或学龄前儿童，而三年级以上的学生更适合VR。

就这样，我们公司的VR课程正式进入了回龙观育新学校。虽然感觉是过五关，斩六将，历经"层层关卡"考验，但第一次向公立小学介绍课程之后就争取到这样的展示机会和授课机会实属难得。对此，我非常感恩，也会因此付出更大的努力，要对得起育新学校的领导、教师们的信任和肯定。

花絮——小主编的公众号里关于VR/AR课程体验文章（节选）

"虚拟现实"这个词大家都听过，"VR眼镜"貌似也见过，但是，它们究竟是什么？百闻不如一见！这个9月，VR+AR体验课走进回龙观育新学校，让部分科技社团的成员们有机会在课堂上亲自使用VR眼镜，领略神奇的虚拟世界！

科普一下：VR、AR都是啥？

VR（Virtual Reality）：虚拟现实

AR（Augmented Reality）：增强现实

顺便赠送一个概念：

MR（Mixed reality）混合现实

翻译成英语是不是就豁然开朗了一些？可是它们还是很抽象，简单的理解就是——

VR 虚拟现实：你看到的一切都是假象

AR 增强现实：你能分清哪个是真的，哪个是假的

MR 混合现实：你已经分不清哪个是真的，哪个是假的

评语：小编们拍摄的照片非常棒，对于概念的解释也有非常强的概括性，视角独特。

教师的选择：是否由我亲自上阵

很多投资人都说，公司的 CEO 主要是给公司"找钱"，这是 CEO 的首要任务。尤其是针对 VR 这种比较前沿的科技，在变现和商业模式方面得到的市场验证很少，CEO 更是应该花大部分时间见投资人。那么，我到底应不应该亲自上阵，走进课堂，亲自讲解我的 VR 课程呢？从多方面考虑，只有我作为 CEO，亲自拿我的课去讲，才能最早地发现问题并及时调整我的课程。可能有些人会对此不屑（在实际跟投资人交流的过程中，我也遇到过此类态度的投资人）。他们认为，我作为 CEO 亲自上阵，对公司来说完全不是优势，甚至会成为影响公司发展的障碍。但综合考量，以公司的长远利益为出发点，不能仅仅因为某些风险投资公司的片面观点而影响公司产品发展的方向。或许到现在为止，还是有人不理解由我亲自去讲课对公司产品的发展会带来哪些好处。下面，我从以下三个方面来进行解释。

第一，如果我们公司聘请教师来授课，或者是请学校的教师上课，那么教师对于我们的 VR 课程的反馈意见要传达给我们公司的人。在信息传达的过程中，会造成一定的"信息丢失"或"信息误传递"。而对于有些更"大规模"的公司来说，CEO 或者是主要负责产品把关的领导无暇顾及公司 VR 产品的用户体验（包括教师和学生反馈），主要由"下面的人"跟授课教师沟通，再传达给相应的产品负责人或者决策人，这中间经过的人或者是层级越多，信息量的丢失或者误传递的可能性就越大。那么有人可以提出：把教师的反馈录下来不就可以了吗？事实上，教师在讲课之后的反馈，很可能只是选取了几个点来说，课堂上的随机事件和课后的反馈，是有很大的区别的。就好像很多人可以慷慨激昂地在台上进行演讲，但下台之后，你问他讲了什么，不在那样特定的场景之下，感情和周围的氛围不到位，复述之后所表达的意思就会有很大的区别。也许又有人会反驳：讲课又不是演讲，要那么大的激情和感染力干什么？那就大错特错了。教师在讲课过程中的感染力和激情至关重要。甚至可以不夸张地讲，每一个教师都可以是演说家。教师在讲课过程中，首先要把自己感染了，才能让学生真正地被感染，进而对要学习的内容产生兴趣和学习动机。记得当时在北京语言大学授课时，培训部的一个老师对我讲课风格的评价是，"讲课时就好像是在燃烧的火球；下课之后，燃烧尽了，便如同彻底虚脱般，全身失去力气瘫坐在椅子上。"所以，教师在课堂讲课的感受和课后的反馈表述时很可能会出现误差。而教师对于课程关注的点一定小于对于课堂掌控学生。而我，作为一个多年从事一线教学的教师，首先可以很好地掌控课堂。更重要的是，我在授课过程中，最关心的一定是我们公司生产的课程是不是能够更好地服务于我的课堂，如果可以，我会如何进行验证；如果不可以，我要怎么改？这个修改或者调整，如果让任课老师来评价，一定没有我直接上阵了解得透彻。

第二，我是一个喜欢不断变换教学方法、教学模式和教学风格的老师。在教学过程中，我喜欢结合各种教学理论进行验证。如果找其他教师，而这个教师自身不喜欢变换教学方法，而喜欢一成不变，就好像我原来在北京市某国际学校授课时，某些教师带着iPad进了课堂之后，课堂完全不适用。如果教师因为课堂的某些安排或其他特殊情况，该堂课没有使用我们的VR课程，这样我得到的信息和数据都不会那么有效。

第三，对于一个初创型公司来说，因为资金、时间、人员等多方面因素的综合考虑，使用外聘老师势必会大大增加沟通成本，并且在信息传递方面也会造成信息丢失，很有可能导致公司及产品方向出现偏差，致使公司要花费更多时间试错，甚至造成产品无法达到实际使用要求。

事实证明，我的选择是对的。正是因为我在讲课过程中变换了这么多的教学方法和模式，将VR课程用在不同环节，采用了不同的教学设计，因此有效地证明了我们公司所生产的课程不仅在设计方面符合老师和学生的要求，更在教学结果方面能够获得令人满意的数据。

VR头显设备的选取

在VR头显设备的选取方面，我们跟校方达成共识：采取学生自带设备、课堂使用VR眼镜的方式。这样可以大大地节约硬件成本，而学校也可以很好地体验VR课程。只是，我们需要在开课之前提供一个详细的列表（可以用于VR课程的手机型号）给校方，让学生和家长做好相应的准备。感兴趣的学生就可以携带手机在相应的时间上课。

班级和年级的选择

教师、设备已经就绪，接下来，学校让我们选取两个年级来上课。结合我们的课程设置和安排，最终选取的是三年级和六年级两个年龄段的学生来上课。让我颇为惊讶的是，三年级学生报名数量非常多。原计划仅仅招收 40 名学生，结果报名的学生超过 300 人。在万般无奈的情况之下，我们只能通过考试进行筛选。由我们公司出卷和阅卷，而学生需要完成的测试包括科学和英语两个学科，综合加权得分最高的前 40 名学生才有资格上课。孩子和家长们的热情着实让我感到意外。毕竟还有很多人对于 VR 进入课堂抱有各种各样的疑问，而我们的课程能如此受到欢迎实属不易，这也让我格外珍惜这得来不易的机会。

第二节 课堂教学设定与安排，充分结合艾宾浩斯记忆曲线

前面我提到了，第一次课程，我的教学安排一共包括 7 个部分，而在之后的教学安排，课堂教学一直包括以下 6 个环节，只是顺序和教学方法我会做出相应的调整。

1. 背景知识导入。
2. VR 教学内容体验。
3. VR 知识点回忆（记忆提取）。
4. 知识拓展。
5. 教学互动。
6. 随堂测试。

之所以这样安排，是充分考虑了艾宾浩斯记忆曲线。

○ 遗忘的规律——关于艾宾浩斯记忆曲线

浙江教育出版社的《教育心理学》一书中提到，"人的大脑就像一个魔盒，将我们的所见所闻变成记忆储存起来。但当我们下一次打开这个盒子的时候，又会发现跟之前的有所不同，有些东西的模样发生了变化，有些甚至都找不到了。在生活中，每个人都能够感受到，记忆会随着时光的流逝而渐

趋淡忘。"根据艾宾浩斯的记忆曲线，遗忘在学习之后立刻开始，最初遗忘速度非常快，之后会逐渐减慢，具体见表 7-1。

表 7-1 不同时间间隔后的记忆保持量

时间间隔	20 分钟	1 小时	8.8 小时	1 天	2 天	6 天	31 天
保持量 / %	58.20	44.20	35.80	33.70	27.80	25.40	21.10

艾宾浩斯遗忘曲线见图 7-2 所示。

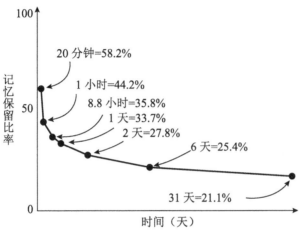

图 7-2 艾宾浩斯遗忘曲线

在教育实践上，教师要理解并善于利用记忆规律。具体可以从以下三个方面来展开。

1. 学习新知识后及时进行复习巩固。

a）及时复习。

b）合理分配复习时间。

c）采取灵活多样的复习方法。

2. 在理解的基础上进行记忆。

3. 在学习时避免输入相似的信息。

○ VR课堂安排如何有效利用艾宾浩斯的记忆曲线

根据艾宾浩斯的遗忘曲线，在 20 分钟内就开始复习效果最好，最少也要在一个小时内进行及时复习。但是在实际的课堂教学过程中，教师很难做到这一点。通常都是一个学科教师在45分钟下课之后，换另一个学科教师讲课，学生开始迅速遗忘本堂课学习的知识。当一天课程进行完毕之后，学生开始做作业进行复习。这样的结果就是学生做了很多的作业，但是最后忘记了很多知识点。充分地利用VR内容，并在课堂中合理安排，就可以非常好地解决这个问题。正如我在课堂教学中，将VR教学内容体验放到第二步，在随后的讲解过程中，一方面对知识进行巩固，另一方面进行知识拓展和延伸。这样就可以让学生在遗忘之前迅速巩固知识，同时在原有的知识基础之上进行拓展，并进一步发掘学生的潜能，让学生轻松地记住更多的内容。互动环节是对VR教学知识点和拓展知识点进行的巩固，又以游戏这种轻松的方式进行，相当于在一堂课45分钟内，在随堂测试（测试也是对知识点的巩固）之前，我已经以两种不同的方式对知识点进行巩固，自然做到让学生不会忘记。在本章第三节中，我会提供详细的学生成绩的表现和课堂上学生的反馈，以及他们对于知识点的记忆特点。

结合了艾宾浩斯遗忘曲线的记忆规律，在一个小时内（一堂课45分钟）教师充分利用各个环节立刻进行知识的巩固，学生就可以非常容易地做到记住所有的知识点，而且相隔几周的时间都可以清楚地回答出来，几乎可以做到永久性记忆。可以不夸张地讲，有效利用VR可以打破传统课堂的教学安排的限制，大幅度提高教师课堂教学效率。

第三节　教学过程中的教法变换与数据对比验证

虽然我有多年的一线教学经历，但是用VR进行教学，对我来说也是非常有挑战性的。

首先，我需要确定的是，课堂环节一定要包括之前我在示范课讲解中的6个部分。

1. 背景知识导入。

2. VR 教学内容体验。

3. VR 知识点回忆（记忆提取）。

4. 知识巩固和拓展。

5. 教学互动环节。

6. 随堂测试。

在课堂教学时，因为要让学生使用手机和 VR 眼镜设备，这涉及很多的管理方式，需要我在教育过程中更好地控制时间和课堂纪律（详见第八章第三节）。

不断变换教法，进行数据对比验证

在每次授课过程中，虽然包含的都是 6 个部分，但是在实际的课堂教学中，我会灵活地变换使用 VR 的时间。我这样做的目的，最初是想看一下，VR 在哪个教学环节使用最有效。

前 5 次课

尽管班级里有几位学生在正式开课之前已经体验过我讲的 VR 课程，但是针对自然班级，我在授课时要照顾到的是整个班级的学生。考虑到学生的英语能力各不相同，而他们对于 VR 的概念也非常陌生，因此我第一次上课时，给学生做了一次 VR 和 AR 完整的知识介绍，让学生对 VR 和 AR 这种新型科技有一个比较初步的了解，进而对 VR 课程产生浓厚的兴趣。第二次上课时，我才真正开启了 VR 科学英语融合课程。前几次课对于我来说，教学节奏不宜过快。但是又考虑到他们对 VR 一定非常好奇，肯定要放到课程比较前面的位置体验，所以我在第二次上课时基本上按照第一次示范课的步骤进行课堂教学安排。在前两分钟我进行了背景知识介绍之后，就让学生体验了 VR 教学内容。与示范课相同的情况是，学生都能够在体验 VR 课程后记住绝大部分我设定好的教学任务。不同的是，没有多名老师听课的情况之下，很多学生对于 VR 设备的操作不够熟练，明显比之前示范课的节奏慢一些。这个也不难理解，把一个新事物放到整个自然班级，学生的理解、掌握和操作一定会出现参差不齐的状况。授课的结果是，本来预计一次课完成的内容，要拖到两次课来完成，所以前 5 次课测试数据只有 3 组。需要强调的是，我的课堂教学节奏在前 5 次上课时尽量做到统一，让学生有一个适应的过程。

在前 3 次的成绩测试（测试难度大于示范课）中，我依然保持的是一半英语知识点考核，一半科学知识点考核。经过了 VR 课程赏析、VR 知识点回忆（记忆提取）、知识点巩固、知识拓展与延伸、教学交互环节之后，学生可以轻松愉快地记住所学到的科学和英语知识。学生平均成绩走势见图 7-3 所示，学生抽样成绩走势数据见图 7-4。

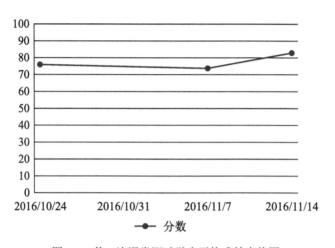

图 7-3　前 3 次课堂测试学生平均成绩走势图

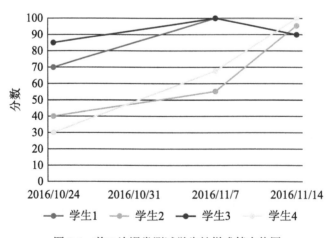

图 7-4　前 3 次课堂测试学生抽样成绩走势图

基于前3次课学生的成绩稳中有升，学生平均成绩提高5%，我初步判断学生已经适应了这种全新的VR课程授课方式。虽然前5次（实际上VR科学英语课程为4次）几乎都是把上课的第二个环节设定为VR体验过程，但是在游戏互动部分，我每次都要变换新的游戏方式。不仅如此，新一课的学习还需要考核之前的知识，让学生做到温故而知新。在教学环节我发现，虽然是每周只见他们一次，提问他们之前两周的内容，他们仍然可以立刻回答出相应的英文和科学知识考点，而我并没有给他们布置实质上要书写的作业。这在很大程度上减轻了学生写作业的负担和教师批改作业的负担。

第6、7次课

从第6次课开始，我想验证一下，除了英语基础知识点外，我是否可以将句子的运用嵌入课堂教学之中。我又做了一个大胆的尝试：全英文授课。可能很多人会对此不以为然，因为全英文授课在现在很多国内的小学，尤其是国际学校已经司空见惯了。但是，我用英语讲述的其实是科学课程，尤其是其中有很多事物的名称以及它们的特点的英文都是专业性非常强的词汇。有的甚至超过了大学生的英语能力范畴。这样用全英文授课，学生很难立刻吃得消。也就是说，在我之后的知识讲解和拓展环节，对于英文听力和词汇量很小的学生而言，这个环节的巩固和拓展的作用是非常弱的。互动环节由于有其他同学的帮助和竞争对比，可以起到一定的巩固作用。但是，在这两次课中，我发现了一个特别有趣的现象：对于课堂表现非常积极，以及平时表现不是特别活跃的学生，已经在第6次课时开始表现出急切的、要掌握VR环节里面所有知识点的倾向。很多学生会在体验课程过程之中就拿笔"盲写"下看到的英语知识点（我的课堂要求是让每个学生准备一个专门的笔记）。所以，VR视听环节结束之后，他们立刻就可以做到：

1. 迅速记住所有的科学知识点；
2. 迅速记住绝大部分英语知识点。

因为提前设定的课件的讲解还是中文的，在之后的知识巩固和拓展部分虽然是用英语讲解的，只要学生在之前环节记住了知识点，我用英文讲解他们也能够听得懂。这样就出现了下面的结果。

1. 喜欢英语学习的学生可以迅速记住超纲的单词。部分的科学事物和事物特点的英文词汇难度远在他们的能力范围之内，但是由于对 VR 科学英语这门课程的喜爱，他们可以很轻松地记住这些知识点。比如在第 6 次课，我在知识点拓展和延伸环节中提到了一个课外单词：transparent（透明的），绝大部分学生由于之前的学习所建立的自信，进行自我效能评估后，很轻松地记住了 transparent 这个词。而 transparent 这个词可能是很多学生到大学才第一次接触到的词汇。

2. 不是特别喜欢英语的学生，或者是英语听力有困难的学生，即使没有后面教学环节的巩固（英文课程巩固和拓展），也可以记住 VR 视听课程里面的绝大部分知识点，在之后测试环节的成绩就是最好的证明。

在第 7 次课时，我决定调整一下课堂安排的顺序：先给学生用英语讲解知识（PPT 上有中文），然后让学生体验 VR，互动之后立刻进行考试。

此外，我还调整了测试环节的要求（目的是让学生更好地运用场景内的各元素进行灵活运用和表达）：让学生在回答环节使用英文进行答题；凡是能够正确作答的学生，可以加分。

这两次课程的随堂测试的平均成绩走势图（见图 7-5）和抽样成绩走势图见图 7-6。

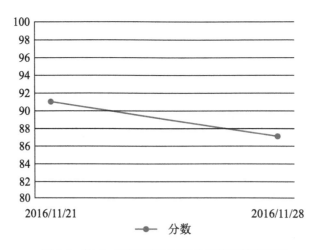

图 7-5　第 6、7 次课堂测试学生平均成绩走势图

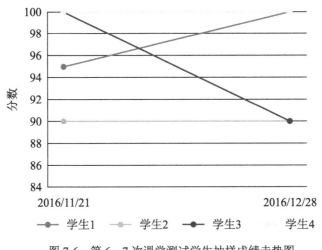

图 7-6　第 6、7 次课堂测试学生抽样成绩走势图

从上面的两幅图可以看出，第 6 次课虽然是用英文讲解的，但是由于学生在 VR 体验过程中已经记住了绝大部分知识，成绩稳中有升，平均成绩为 91 分（相比前一次平均成绩 81 分提高了 12%）。在变换了教学顺序之后，学生的平均成绩明显下滑。同样是全英文授课，学生的平均成绩下降到 87 分，降低了 4.6%。但是，相比第 5 次课的 81 分，依然是提高的。而我在教学过程中也有一个特别明显的感受，就是将 VR 课程放在知识讲解之后，课堂讲述的压力特别大，因为要反复强调一些知识重点和难点。而本来设计的互动部分也不得不删减，否则就没有时间让学生体验 VR 内容。对比前几次的课堂安排，我的课堂教学是通过 VR 让学生记住知识重点和难点，那么随后的教学环节更多的是记忆的提取和知识拓展延伸再加上巩固。第 7 次课证明，将 VR 放到我的课堂教学的第二个环节比放在后面的效果好很多。

第 8、9 次课

课程进行到第 8 次时，很多人对我提出同一个问题：学生平均成绩提高究竟是因为我讲得好，还是我的 VR 课程好。虽然第 6、7 次课通过英语授课（大幅度提高教学难度），学生的成绩还是有所提高，但是这并没有足够的说服力。所以在上第 8 次课时，我将学生分成了两组，一组使用 VR 设备，另一组不使用 VR 设备。在教学方法方面，我选择将 VR 课程后置，我可以通过这个做法来对比出，VR 在课前 10 分钟内使用和课中使用的效果哪个更好。而我的这次教学实验证明，VR 课程放在课前对于学生的记忆有最大的帮助。

从具体的课堂数据可以明显看到，学生的平均成绩相比之前的第 6 次课呈下滑状态。通过抽样学生的数据可以看出，未使用 VR 课程的学生的成绩（学生 3 和学生 4）明显低于使用 VR 课程的学生（学生 1 和学生 2），但是总体成绩相较于前一次还是高一些。这是因为未使用 VR 课程的同学只占所有人数的一半，整体成绩并不会受到特别大的影响。这两次课程的随堂测试的平均成绩走势图（见图 7-7）和抽样成绩走势图（见图 7-8）。

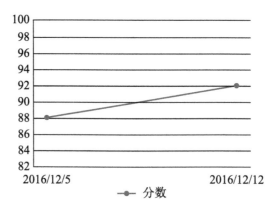

图 7-7　第 8、9 次课堂测试学生平均成绩走势图

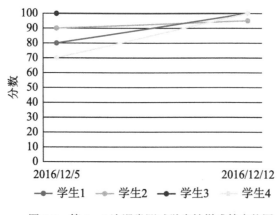

图 7-8　第 8、9 次课堂测试学生抽样成绩走势图

综上，整个 9 次课程所得到的学生平均成绩走势图（见图 7-9）和学生抽样成绩走势图（见图 7-10）。

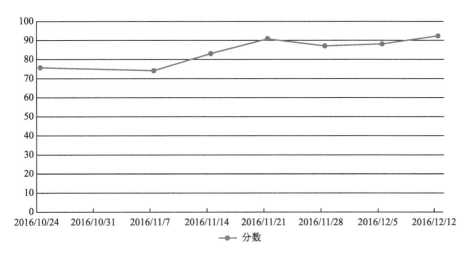

图 7-9 学生平均成绩走势图

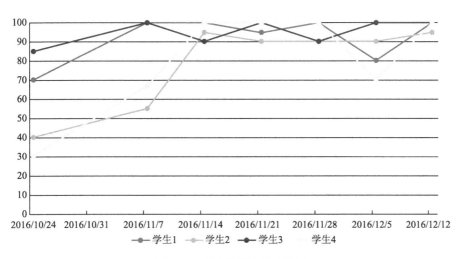

图 7-10 学生抽样成绩走势图

从上图可以看出，学生的成绩整体呈上升趋势。在第 7 次上课时，成绩出现第一次大幅度下滑，是因为 VR 课程放在教师课程讲解之后，而在之后的学生分组（一组使用 VR，一组不使用 VR）中，学生的平均成绩受到一定的拉动，相对较低。最后一次课相比第一次课平均成绩共提高 16 分，也就是 21%。

总的来说，这样的课程安排，能够实现学生成绩提高21%的效果，主要归功于 VR 课程和课堂交互两个部分。VR 课程突破重点和难点，而到课堂交互环节，教师帮助学生提取 VR 课程的难点和重点（此为知识点提取过程），并在课堂教学过程中有更多的时间来调动学生的学习动机（具体如何调动学习动机请见第六章第四节），不仅能够监控到学生对于知识的理解程度以及保证学生的深度学习，更可以激发学生更大的潜能。而被激发出学习动机并调动出潜能的学生对课堂学习产生进一步的主动性，从而形成一个良性循环。此过程见图 7-11。

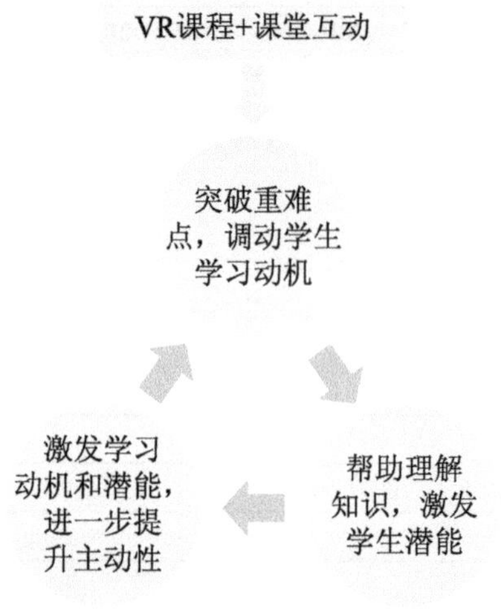

图 7-11　VR 课程课堂良性循环原理图

第四节　创新融合课给 VR 更大的舞台

经过了接近一个学期的 VR 科学英语融合课的教学实践，学校一直都有老师跟进课堂。在这个过程中，科学组组长郭老师让我非常感动。郭老师是回龙观育新学校创新教学和科研方面的带头人，对于创新教学模式有着很深入的探索和研究。她不仅每次课都来观摩，而且在课堂管理和教学方面向我提出很多宝贵的建议。很多的教学环节的设置都是她提出的。郭老师同时表示，她非常愿意用我们的 VR 课程在她的科学课上一次公开课，真正地做到将课程融入学校的教师的课堂中。不仅如此，我们也达成另一个共识：应该给 VR 更广大的舞台——融合课。

融合课程是现在很多学校都在提倡的一个概念。

什么是融合课？

"所谓融合课程，不是在已有学科课程之外独立开发的一门新课程，而是基于国家课程目标和学校的人才培养目标，针对低年级学生身心发展规律设计并实施的课程的统称，是对课程供给结构的一次全面重构。融合课程的实施以主题学习和实践活动为支点，以国家课程中每个具体学科的课程目标为依据，扩展学科课程领域，试图改变学科与学科、学习与生活、学习与社会之间分离的状态，为学生创设更加适切的学习内容、方式和环境，从而促进学生健康、快乐、自主、和谐地发展。"这是北京市中关村第一小学的屈文霞老师在"融合课程：打破学科壁垒的课程创生"一文中所提到的相关定义和诠释。

对于刚刚开始学习生涯的小学生来说，所有的知识都是陌生的，他们很喜欢问为什么。但是如果从学生入学开始，就告诉他，哪个知识属于哪个学科，去问哪个老师，往往会让学生感到无所适从。久而久之，学生失去了探索未知世界的兴趣，变成被动地接受老师所传授的知识。

当我们拿着语文课本中的一首田园诗歌给回龙观育新学校的郭老师看时（我们制作了该堂课的 VR 课程），她的评价让我觉得非常有启发。郭老师提到，这首诗歌里有很多元素都是科学老师可以去讲的。比如"昼出耕田夜绩麻"中的"绩麻""麻"是什么？这个就是科学老师可以解决的知识点。而在她授课的过程中，教材中出现的生僻字，她一定要帮学生解决，而不是让学生去问语文老师或者英语老师。生活当中处处有科学的成分，又都是用文字来表达的；生活中也会经常涉及数字的概念。知识展现给学生们的应该是一个整体，而不是具体到哪个学科让哪个老师去解决。

现在学校使用的教材现状是，每个学科的教材都是各个学科的专家写的，他们有很丰富的学科理论基础和教学经验。然而，他们在撰写教材的过程中，并不是相互沟通的。这样出现的结果就是,学生在一段时间内语文课是围绕一个话题;但是到了数学课,是完全不相关的另一个话题;再到其他学科,讲得也是全新的知识。这就又回到本章第二节提到的"艾宾浩斯"遗忘曲线:等学生有时间复习当天第一节所学的知识点的时候,早已忘记老师具体是如何讲解的,而中间的间隔时间远大于一小时。学生需要的是,通过学习自身能够掌控的内容基础之上学习新的内容。如果是融合课程,情况就会有很大的区别:学生在第一堂课学完的知识,到了第二堂课,虽然是换位老师讲,但是所讲述的内容、围绕的主题是学生所熟悉的内容,而老师讲解的角度是新的。这样学生就可以在已知的基础上探索未知,大大地降低了学生学习的壁垒,打破了学生对未知知识的恐惧,同时又通过新的知识方向来激起学生的好奇心。所以,很多人都认为,小学的老师应该是全科教师,而不是单独针对某一个学科的老师。这样,学生从小所形成的习惯就是,知识之间是相互连通的,而不是支离破碎的。

据我所知,育新学校在融合课方面已经做了很多的尝试。比如,他们在现有教材的基础上找到同一个话题,结合相关的学科,让学生可以将知识有效地融合起来,做到事半功倍的效果。学生对此反馈非常好,课堂参与度也非常高。

除此之外,北京市中关村第一小学的屈文霞老师在"融合课程:打破学科壁垒的课程创生"一文中提到,该校自主研发了融合课程系列学生读本。其中的一课由绘本《吉莉娅数星星》融合数学、语文、音乐、科技、体育等学科元素,综合培养各个学科素养。

我们都看到了融合课的必要性与优势。一方面,在融合课这个方面进行探索的人不多,而融合课本身可以给学生的学习带来非常大的价值,从 VR 角度来讲,当时还没有任何一家公司真正地做过 VR 融合课的尝试,对我们公司来说,是机遇也是挑战;另一方面,VR 课程开发成本巨大,开发出一门课,如果用同样的场景并有效利用其中的很多模型、动画等元素,对我们来说完全是"一举多得",何乐而不为呢?融合课的最大难点就是如何有效解决所有相关学科的教学难点和痛点,而这需要多个对此技术感兴趣的一线教师的积极参与。

就这样,我们公司在 2016 年 11 月正式开始第一堂 VR 融合课的探索与实践。

○ VR融合课的探索与实践

我们最开始选定的是回龙观育新学校所使用的北京师范大学出版社出版的六年级下册语文课本中的一首古诗《四时田园杂兴》中的一首。之所以选定这首诗，有如下几个原因。

首先，很多小学生生活在城市，从来没有去过农村，对田园的认知非常少。如果靠老师用语言或图片，甚至是视频给学生讲解，会占用课堂很多的教学时间，而学生也未必能够理解到位。

其次，这首田园诗凸显了很多科学元素的成分，是一个非常好的科学课程的主题，也符合育新学校所选用的六年级科学教材的课程大纲要求。

最后，以这样一首田园诗为主题，还可以有效融合英语、数学、音乐、美术等学科知识，全面培养学生各个学科的综合素养。

所以，我们从11月末开始就从选材、脚本策划、教学难点研究与设定等方面设计了一个专门的VR融合课程。第一次把这首田园诗拿给郭老师看时，她对初步效果很肯定，而且立刻告诉我们，她可以运用这个素材给学生讲科学知识点。此外，刚刚从外地参加完教学研讨会的郭老师还提到她在研讨会上看到的另外一家公司提供的VR课程，与我们的课程形成鲜明对比，这给了我们非常大的信心。我也更加意识到，VR要走进学校，一定要受到更多一线教师的广泛认可。我们要聆听的是更多的一线教师的声音。郭老师提出，她可以运用这个VR内容进行课堂教学，但是我们应该综合听听其他学科老师的意见，看看他们是否愿意使用VR来上课，而且我们的课程是否能够真正地解决他们的教学难点。

在郭老师的帮助和召集之下，我们在2016年12月成功地举办了两次VR融合课的教学研讨会。郭老师所召集的，不仅是两个校区资深的一线教师，而且这些教师都是喜欢接受创新教学理念的，是在课堂教学中勇于探索、辛勤耕耘的教师们。坦白说，来参加教学研讨会的教师数量远远超过了我的预期。在我们国家，有这样热血沸腾、经验丰富的一线教师，是学生之福；能够聆听他们的建议也是我们作为初创团队的福气！

○ 第一次VR融合课教学研讨会议

2016年12月26日，各科资深一线教师（包括西三旗育新学校和回龙观育新学校的小学和初中教师）齐聚在回龙观育新学校，每个教师都先后体验了我们公司初步完成的融合课的课件。

教师初步体验后整体反馈：VR最大的优势是身临其境（生态体验式教学）。

以下为各个学科老师对于VR融合课的观点。

语文教师：部分教师认为VR适用于展示很多让人身临其境的场景、背景知识介绍，同时可以展示教学难点等；部分教师认为VR会影响到对学生"美的认知"能力的培养。

数学教师：小学书本有500多个数学概念，希望通过VR这种方式来解决其中的一些数学概念的理解记忆，如分数、百分数等概念，让学生印象更加深刻。

科学教师：可以讲解场景内的科学元素。

英语教师：VR适用于如下几种场景。

1. 诗歌的场景再现，英文生词以及句子的翻译应用。

2. 对应语法知识。

3. 句子（灵活使用场景内的元素进行造句）。

4. 补充词汇拓展。

信息科技教师：

可以让学生动手制作（目前主要是制作AR）。

音乐：场景内配乐。

美术：场景内的美术场景和元素。

教师对学生"美的认知"能力的培养 vs "批判性思维"的形成

（通过VR，培养学生批判性思维的教学理念的初步形成）

此次教师研讨会中，有一个语文老师认为VR应用在语文教学中的诗歌赏析部分非常不合适。在讨论过程中，她提出，学生对"美的认知"的培养会大大地受到VR这种情境限制，因为VR给人的印象太深刻了，完全抹不掉（这虽然是VR课的优势，但是对她和类似的教师来说反而是劣势）。学生会固定地认为，美丽的田园风光就是这样的。这样，他们的遐想能力就被弱化了。平心而论，这么说有一点"冤枉"VR的作用了。首先，"固化"美，不管教师用的是图片、视频，还是VR，其实都有这样的风险。但是这样真的会"固化"学生对这种美的认知吗？

其次，在讨论过程中，我问该老师，如果学生可以通过语言的描述而对于"美"做出很好的遐想，那么把这个VR课件放到课堂的最后一个环节（或者是她的讲解之后的环节），让学生对比他们想象出来的田园风光和他们观察到的田园风光有什么区别，为什么会有这些区别，哪些元素好，哪些元素不好，她是否愿意这样做？因为，这样做的好处是，学生不仅可以在"美的认知"方面得到培养，还可以形成批判性思维。教师更可以通过这个环节，让学生进行讨论，增加学生的课堂参与度。

很遗憾，这位老师依然坚持她的观点。虽然我自认为说服了在场的其他老师，但是这位老师仍然坚持说，培养出"想象美"的学生的重要性远远大于学生形成"批判性思维"。

这是我第一次提出通过VR来培养学生的批判性思维这个概念，而这个教学理念是在回龙观育新学校的教学研讨会中形成的。我认为，有类似担忧的老师，完全可以将VR放在培养"美"的认知这个环节的后面，这样既不会影响原有的教学环节设定，也能够通过VR培养学生的另一种思维能力。对于这两者之间关系的详细论证，请见第八章。

总的来说，教师对于VR的身临其境非常认可，其中英语老师和科学老师对VR的接受程度最高。有一位教学经验非常丰富的语文教师也提出了非常宝贵的具体建议。这些经验恐怕是很多公司花高价都难以聚集到一起的，我对此无比珍惜。老师们的每一个建议我都如获至宝。

花絮——回龙观育新学校科学社团公众号上郭老师广发的"英雄召集帖"

有一句话这么描述教育：出生在21世纪的孩子，接受着20世纪的教育方式，学习着19世纪的知识。

是否你也发现，不管互联网科技如何日新月异地改变着我们的日常生活，教育始终是最后一个被改变的。

要想培养符合时代新要求的小小创客，就需要教师勇于先做一个大创客，一名创新教育教学的教师创客！

现在，就来接受挑战吧：

邀你做个教师创客，VR+AR融合课程等你来加入！

1. 关注：《2016地平线报告（高等教育版）》

一份值得关注的报告：美国新媒体联盟（NMC）自从2004年以来，已经发布了13个高等教育版的地平线报告，预测技术对高等教育将会产生的影响，引导高等教育在未来发展中积极应对技术带来的教育变革。

《2016地平线报告（高等教育版）》所预测的六大技术分别是：

近期技术（一年内广泛采用）：

自带设备（BYOD）；学习分析与自适应学习；

中期技术（2～3年采用）：

增强现实与虚拟现实；创客空间；

远期技术（预计4～5年后才进入主流教育）：

情感计算；机器人。

未来技术应用势必会深刻影响基础教育的发展趋势。

2. 倾听：孩子的声音

作为教育者，你也许认为给予孩子的已经足够了，能够帮助孩子"成为一个成功的人"，那么孩子是这样想的吗？不妨来倾听一下新一代受教育者的心声吧！

3. 行动：VR课程已经到来，只是尚未流行！

首师大附属回龙观育新学校自本学期9月开学以来，携手专业VR教育机构爱徒公司，利用每周一下午3：30—4：30小学科技社团活动时间，分别在六年级和三年级开设了两个"VR科技英语融合课程实验班"，不断改进教学内容与优化教学流程，大胆提出基于VR+AR应用的全学科融合课程设计。

技术已经深刻地改变了我们的生活，势必深刻影响我们的教育。如果你不排斥新技术，如果你早就想改变你的课堂，如果你还纠结于改变后的效率和效果……那么欢迎你加入，让我们一起尝试将虚拟现实技术应用于真实课堂，也许会给你和你的学生带来期许的惊喜！当然，也许会遇到很多未知的困难。但是，请你相信：

VR课程已经到来，只是尚未流行！而你已经在路上！

○ 第二次VR融合课教学研讨会议

鉴于第一次教学研讨会非常好的效果，郭老师和我们决定趁热打铁，在期末考试之前（2016年12月30日，也就是法定的元旦放假之前），再进行一次教学研讨会。我们更需要把如何上融合课给所有感兴趣的老师们展示一次。因为我已经上了一个学期的科学英语融合课，最有发言权，也最有经验，所以由我再次上阵，在一线教师们的面前给学生们上一次公开课。一方面，是给所有的老师做一个展示示范；另一方面，对我来说，也是对于一个学期的创新课程尝试的汇报和总结。

所以，这次公开课的展示，我要呈现出已经成型的课堂教学步骤。虽然课堂展示课程的时间仅仅为30分钟左右（比平时课堂缩短15分钟），但我需要涵盖的是之前课堂所有的教学安排，每一个环节都必不可少。此外，我特意预留了5～10分钟的时间，先给所有的教师介绍了一下VR和AR在教学方面的英语，然后向所有的老师汇报我的教学成果，以及我的教学心得。此外，郭老师还专门邀请了北京教育学院的专家亲自观摩我的公开课。在我看来，成败在此一举。

时间选择在12月30日，是元旦放假之前的上午，而学生们又刚刚开完联欢会。可想而知，学生们开完联欢会一定是意犹未尽，迟迟不肯离去，而老师们又要确保教室的卫生，进行各项收尾工作。联欢会之后是教师们的集体午餐联欢，第二次教研会议预计结束的时间是中午接近下午了，这还会耽误很多老师的用餐时间。所以，我猜想前来参加观摩的教师数量不会很多。但是出乎我意料的是，参与第二次研讨会的教师的数量远超过第一次的教师数量。不仅参与第一次会议的教师几乎全员参加，还有很多其他学科的老师纷纷闻讯赶来。在感慨于郭老师的号召力的同时，我也对回龙观育新学校这么多敬业的老师感到由衷的敬佩，这实在是太难得了。

前来参加公开课的学生都是已经适应我上课的六年级学生，绝大部分学生都是连续听课而且课堂参与非常积极（有一个学生因为特殊原因缺席最近的两次VR课，这让我的课堂参与者更加典型化）。这个不难想象，能在联欢会结束立刻就赶来上课的学生是对我们的VR课相当喜欢，否则又有什么能阻挡他们放假之前"联欢"的乐趣呢？孩子们都按照约定的时间赶过来，每一个都穿得美美的，显然有些人有表演项目。开始我还担心他们不能及时"收心"听课，但是课程一开始，我觉得自己完全没有必要有这个顾虑，他们的表现一如既往地好。因为雾霾，之前已经停了一周课，所以，我跟孩子们其实有两周的时间没有见面了。但出乎意料的是，他们可以清楚地记起我之前讲到的所有科学和英语的知识点。在游戏环节，所有的学生都迫不及待地参与。只有那个因为特殊情况缺席最近两次课的学生在教学互动环节不够自信，表现稍略差一些。测试环节的结果是：除了该学生以外，所有学生都得满分，该学生的成绩也达到90分。

在讲课过程中，我注意到英语教研组组长一直微笑地听我的课，时不时地点头认可。在最后做教学总结和心得汇报之后，我特意花了两分钟左右谈到了我通过运用VR之后对于"教育公平"这个概念的全新理解和诠释。课程最后，所有的老师和学生集体为我鼓掌。在那一刻，我感觉自己的眼泪都忍不住要流下来。

展示和汇报部分结束，我和所有的教师坐在一起，大家首先听教育专家的点评。

教育专家的喜悦溢于言表，她对这样一堂VR课的评价非常高，而且对我的讲课水平做了高度的认可（此时我在窃喜）。以下是教育专家的评价（节选）：

"爱徒VR课程以英文为切入点，同时融合了科学知识，学生在学习了英文知识的同时，还把相关科学知识也学习了。而且我觉得不单是一个英文知识点的问题，还有语句的运用。英语是语言，是用来交流的，词是最基本的，从词到句，从句到段，从段到文，再到生活中的应用，我相信爱徒后期还会有相关的课程。再者，我很喜欢爱徒VR课程所提倡的一个理念——教育公平，这是非常不错的。因为这个理念在爱徒VR课上就不是一个口号了，是实实在在地落实到了课程的内容和方式上,让孩子都参与到学习中来。VR作为一个工具,有着相关的科学技术作为支撑,让孩子都同等地学习到知识,而且无法转移注意力。我们也不完全依赖(VR这个)工具,而是让工具为我所用,为孩子学习所用,为老师教学所用,我觉得这一点也是做得非常不错的。还有一点非常不错的是,咱们这一堂课不仅仅停留于知识的掌握,还涉及教育教学中一个经验的改组。就拿咱们这堂关于北极的VR课来说,我们的孩子没去过北极,但有人去过北极。我们学了这堂课后,如果有机会去北极,心里就有数,我就大概知道北极是什么样子了。所以爱徒VR课中的故事线是非常好的,带着故事线,把相关的教学内容串起来了,有英语的,有科学的。这样串起来的知识既学得快又能很快地加以运用。所有这些都是非常好的,所以学生一堂课下来那真叫学得轻松,学得愉快,而且学得很饱满。"

小花絮——学生们的成绩反馈

几个学生在课前一见到我,就纷纷把他们的"喜讯"与我分享:一个学生说"最近两次英语测验都得90多分",另一个学生说"这两次英语测验我的成绩都是满分",还有一个学生说"老师,我再也不怕英语了"。

本章提到的考试成绩都是我针对课程做的随堂测评,同学们不仅在我的系统性测评中成绩稳中有升,而且在校常规统考中成绩大幅度提高,这对于我和公司来说有更大的意义。

在接下来的教师讨论环节,各科老师基于第一次融合课会议讨论的结果,进一步提出了自己的意见。大家在以下观点上达到进一步共识。

1. 融合课要以"主题"为起点,而乡村田园作为一个主题是一个不错的选择。

2. 融合课不要为了融合而融合,切忌生搬硬套。

3. 虽然教材版本不一,教材一直在变,但是核心讲解的知识本身并无太多变化。只要融合课抓住的是核心内容,完全可以做到"以不变应万变"。

4. 所有老师都愿意进一步分享自己的教学难点和经验，供我们一起进一步研发 VR 课程。

5. 大家都表示愿意使用 VR 课程作为课堂教学的一个环节，也认为 VR 会对教学有很大的帮助。

此外，教师们还分享了很多课程的实例，以及更多的教学难点和痛点。这些经验分享和讨论结果不仅是对我和公司近一个学期的努力付出和汗水的肯定，更是 VR 进入学校的一大促进。有了这么多老师对 VR 技术的认可和对 VR 课程的支持，作为内容制作团队，我们还怕什么？郭老师的几句评语更是说到我的心里："不是所有公司的 CEO 和 COO 都愿意真正坐下来听听我们这些一线教师的评价，这也是现在很多做教育的所缺少的；也正是因为这样，我才相信你们可以成功。"

作为初创团队，我知道我们现在所做的，距离成功还很远，但是我相信，带着这样的努力和大家的鼓励，我可以带着团队坚持下去，走出一条属于我们这样的企业的路。我们可以通过新的科技结合教学难点与痛点，让老师真正做到教得轻松，学生学得饱满，快乐！

个人总结

在教师教学设计过程中，VR 可以用类似"微课"的素材集中解决一个问题；也可以用"翻转课堂"的素材让学生在课堂上进行深度学习和讨论，增加师生互动。虽然接近一个学期的教学实践下来，学生的成绩有了一定的进步，但是让更多的一线教师参与到 VR 课程策划和教学设计的环节中，结合他们丰富的教学思维和教学实践，充分利用课堂上的每一分钟，结合更多的教学方法（如实验法、练习法、实习作业法、讨论法、谈话法等）激发学生的潜能，让学生进行深度学习，才是 VR 进入课堂教学更大的意义，甚至给教学带来更大的变革。

此外，我的教学实践是科学与语言的融合课程。在我的课堂上，我初步尝试的结果是将 VR 内容放在第二个教学环节，来集中解决知识重点和难点的记忆，效果最佳。而对于其他学科，如语文（基于本书第八章第二节集中讨论的"批判性思维"的形成以及对于教学内容的意境赏析等方面的考虑），

VR内容可以调整到教学环节相对靠后的位置，让学生欣赏后去对比、探讨；如果教师更希望通过VR来解决教学重点和难点，可以参考我的教学环节设定。总之，结合知识重点和难点的VR课程可以极大程度地帮助教学。而各科教师可以根据自身的课堂需求，灵活调整教学环节，真正地做到让技术为教学所用，而不是"为了使用技术而教学"。

○ 延伸阅读

"分科"与"综合"

课程的内容基于两个原理编制。一个是以学科为单位编制，另一个是以特定主题（课题）为中心综合地组织多学科内容来编制。以"学科"为单位编制是以语言、历史、科学、艺术等文化领域为基础的编制维度，以"主题"为中心编制则是以环境、和平、福利、教育等现实问题为单位编制的。

○ "博雅教育"与"通识教育"

一般而言，基于"博雅教育"传统的课程多是以学科为单位编制的；而基于"通识教育"传统的课程多是以主题（课题）为中心综合诸学科内容编制的。单纯以学科为内容的博雅教育教养课程教育是精英主义的传统。塑造民主市民，培养自立的、拥有合作精神生活着的课程，必须与"基于学科组织"的课程并行，追求"基于课题组织"的课程。

"基于课题组织"的课程可以设定各种各样的主题与问题并加以组织。可以展开"环境"（资源、废弃物、自然保护、生态系统等），"和平"（战争、核武器、军备、民族纠纷、宗教战争等）、"人权"（性别歧视、种族歧视、公民权益等）的学习。以这些课题为中心组织编制的课程可以发挥出，整合多种学科文化领域、组织以现实问题为对象的批判性思维与问题解决性思维、赋予儿童学习现实意义，使学习教育与社会教育相结合的功能。

第八章
VR教育内容制作团队遇到的困难与挑战

第一节　来自学校和外界各方的"顾虑"与"质疑"

◎ 家长、校领导、老师的顾虑

无论是回龙观育新学校的家长们，还是展会或活动上遇到的社会各界人士，他们几乎都表达了一些共性的问题：长期佩戴 VR 头显是否会影响孩子们的视力？孩子戴着设备会不会晕？不只是家长，学校的领导和老师也有同样的顾虑。面对这些疑问，我一般都是从如下几个方面进行解答。

1. 选取合适的 VR 头显设备

在选取 VR 设备的时候，不能贪图价格上的便宜。要考虑到 VR 设备的重量、屏幕清晰度、分辨率、是否过滤蓝光等指标（具体参考指标详见第一章第一节）。VR 教育内容提供方绝对不能因为厂商提供的价格优势而轻易推荐设备。学校在选取 VR 设备的时候，更不能因为 VR 设备的价格战而迷失选择方向。一定要综合考虑各项指标来选取硬件设备，选取效果好、价格优的设备。

2. 进入学校的 VR 头显提供定制系统方案

如果 VR 头显设备内配有容易让学生"上瘾"的游戏、视频等内容，引进这种设备后，一方面，学生很可能在某些时间"偷玩"；另一方面，甚至会有学生想方设法自行购买设备，在家进行此类娱乐活动。这对于硬件厂商来说当然是好事。但是，大家不要忘记，VR 给人以更强的身临其境的感受，游戏长期玩起来，更有可能让学生"上瘾"。有些人长期佩戴 VR 头显更会产生眩晕感，同样影响到孩子的视力以及身心发展。所以，进入学校的VR头显设备一定要有定制的系统，去除游戏、视频等内容。可能有些厂商会告诉学校，只要不联网，学生就无法使用这些功能。但是以我对现在中小学生的了解来看，他们对电子设备的认知和了解，让很多学生可以在短时间内非常轻松地破解网络问题。所以，学校选取的VR设备应该从"源头"上杜绝此类问题。

3. 单个课程时长的设置

在课程时长方面，并不是越长越好。可想而知，学生一次体验时间如果过长，会出现各种问题，如眩晕、恶心或各种视力问题。又由于VR内容的制作成本过高，以及VR这种学习方式的高效，我们公司提供的课程往往都在5分钟左右，最长不会超过10分钟。在学校给学生统一使用VR设备的时候，也建议大家一次性体验的时间不超过10分钟（基于目前的硬件体验效果和教师课堂教学安排），这样可以在最大程度上减少设备对学生们的视力等身体方面的影响。

○ 教师是否愿意使用VR进行授课

在一个人的一生中，会遇到各种各样的老师：有的老师喜欢变换自己的授课方式和内容，让学生可以学到新的知识，对授课内容产生新鲜感；有的老师则喜欢一成不变，他们认为不改变就是最安全的。记得我在读硕士的时候，有幸去北京大学听国内著名的语法大师陆俭明教授的中文语法课程。我记得他提到，他在每次授课时，都会更新他的授课内容，与时俱进。虽然语法的知识是固定的，但是例句可以发生变化，讲解的方式也可以发生变化。而每个例句当中呈现的复合语法知识也各有不同（一个句子呈现的往往不是一个语法点，而是多个语法点）。我在讲英语语法的时候，也喜欢变化。在授课过程中，如果我讲了一遍，学生不理解，我往往会选择另一种方式进行讲解，而不是重复之前的内容。因为当一个学生聚精会神地听你讲解的时候，还是听不懂，那么很可能是我们的讲解方法有问题，而不是学生们走神。当然，教师在讲解的过程中也要注意趣味性等问题。

对于喜欢变化、喜欢给学生带来新鲜感的教师，在接受VR教学这种新事物方面就容易很多。而对于很多教师来说，他们还是更喜欢使用 PPT，或者是视频等方式来完成课堂教学任务。所以正如我在之前章节提到的一样，老师们会先问，你们的 VR 课程是不是我通过图片或者视频就能解决的？如果不能，他们才考虑使用。

在一次与某一线城市的著名中学教师面谈中，我们把我们公司的 VR 课程展现给这个教师看，她是当地著名的语文教师。她的态度让我觉得非常欣慰，她说："你们这个 VR 内容好啊，诗中有画，画中有诗。我很愿意用你们的课程做一次公开课尝试一下。"对于我们公司的课程，我见到很多老师看完之后都表示可以在自己的教学过程中体验。坦白说，这个是目前市面上很多其他内容制作公司很难做到的。我听到更多的反馈是，校方认可 VR 会是课堂的教学工具之一，但是他们并不认可自己见到的内容，觉得他们的老师可以提供更好的内容。这个问题的核心在于公司提供的 VR 课程是否能真正地解决教师教学的"痛点"。

虽然一些学校表示他们希望自己制作 VR 课程，当然碍于现在的技术程度和制作成本，以及制作起来的专业要求等困难，目前操作起来不是很现实。毕竟制作 VR 课程，很难像制作 PPT 那样容易。而随着科技的发展，这种操作可能会在不久的将来就可以实现。

○ 设备操作是否过于复杂

任何一种新的教学工具，操作的复杂性都是很多教师非常关心的问题。记得我当时在北京的一所国际学校授课的时候（2014 年），学校开始大规模倡导移动教学。就是学生都自带 iPad，教师每人发一台 iPad mini 进行授课。学校对教师进行了几次培训。到现在我还依稀记得，很多教师仅仅是拿着 iPad 去"听讲"，但是，私下里我见到好几个老师在"听讲"的时候"开小差"玩手机、用 iPad 里的其他应用做题或者做其他的事情。而在上课的时候，很多老师都是带着 iPad 进班级，但实际上只是形式而已，很少使用。要知道，我所在的国际学校的教师年龄普遍在 30 岁以内，这些年轻的学校教师对 iPad 这种拥有简单的界面图标，可以使用 airdrop 等方式进行授课展示的设备，她们都是拒绝的，更何况是其他的复杂操作呢？

在我推广公司的 VR 课程时，很多学校或者是机构喜欢把我们跟市面上的一些其他公司进行对比。在对比时，很多教师会更愿意使用我们的系统，因为我们的系统操作简单，不会给教师备课带来额外的负担。如果系统提供的功能多，但操作不是一步或者几步之内完成的，很容易就被教师拒之门外。一方面，很多年龄相对大的教师对新的教学工具往往是拒绝的；另一方面，教师的备课压力和工作复杂度过高。这个完全可以理解，很多教师每天都要批很多学生的试卷和作业，如果让他们再花过多的时间备课，了解并精通 VR 内容公司提供给他们的 VR 课程内容，对教师来说无疑是一种负担。在此，我额外解释一下：由于 VR 是 360°全沉浸的，很多 VR 内容厂商提供的内容要求教师对其非常了解并可进行讲解，这种 360°内容的上下左右、前前后后教师都要非常熟悉，针对每一分钟、每一秒钟的记忆更是难上加难。坦白说，对于我这种喜欢变换授课风格，而且喜欢新式教学手段的教师来说，都会拒绝使用此类 VR 系统和内容进行教学，更何况每天批改作业，对学生进行日常学习生活管理的教师们？如果年龄再大一些的教师，甚至是老教师们，他们更可能会把此类 VR 课程拒之门外。

○ 硬件价格门槛过高

对于一线城市的学校来说，一台 VR 硬件设备几千元，一个教室 40 台到 50 台设备加上额外相关辅助配件的总价，还是可以比较容易接受。但是对于很多偏远的地区，针对一个教室配备几十台设备成本就非常高了。有很多学校领导都认为，硬件设备应该让他们免费试用一定的时间。如果效果够好，他们就会采购，同时他们保证设备不会弄坏。不过，针对我们公司这样的内容厂商来说，我们公司并不生产硬件，而合作的硬件厂商因为不会看到直接的利益，自然不会直接"赠予"学校设备，这样很多学校就无法将 VR 引入教学中。大家不得不承认，硬件设备的价格的确是一些学校将 VR 拒之门外的原因之一。而针对偏远地区的学校，他们拒之门外的又岂是 VR 头显这一类硬件设备呢？很多学校到目前为止，连电脑都难以普及。对于先进的教学设备，就只能套用当年邓爷爷的话了：让少数学校先用起来，最终实现所有学校共同使用的目的。

不过，在 VR 进入学校的过程中，我们完全可以考虑 BYOD 这种教学模式。在前面的章节我已经提到过，BYOD 是 bring your own device 的缩写，也就是让学生自带设备。学校可以让学生自带符合要求的手机，只给学生提供 VR 眼镜，这样学校只需要购买 VR 课程就可以让学生体验 VR 教学了。

当然，随着科技的发展和硬件的成本规模化、量产化，不远的将来，相信 VR 头显设备可以大幅度降低价格。

教学内容付费和更新

学生们体验 VR 教学内容的时候，一定希望的是可以不断地体验新的内容，这样才能对学习产生更大的乐趣。否则，只有那么一两个内容，又不成体系，很可能就是"新鲜"几天就丢在一边了。在此书中，我反复地强调了 VR 内容的制作成本问题，就是希望学校、教师、学生理解，内容的制作所需要的时间与财力是巨大的。因此，能够选用到系统、丰富、操作够简单、教学内容能够解决教学"痛点"的 VR 课程是非常难的。大家也都很了解，学校采购硬件一次就够了，之后就是耗材的维护和更新问题，相比之下费用并不是很高了。而对于内容，是需要不断地更新。很多学校领导担心会因此对于内容生产公司产生"强依赖性"。在我们推广 VR 课程的过程中，有一位校长甚至提出，VR 内容的制作应该是由教委带动很多先进教师进行制作，然后统一纳入义务教学体系中。但是我们都知道，这个操作由于资金和人力等方面的原因，让教委立刻操作很难，只能由公司先行，在市场的"优胜劣汰"的过程中，选拔出优秀的公司生产的内容，进行统一推广。对此我非常认同。

不过，其实学校也不需要有此顾虑，因为在内容收费和更新方面，我们公司就提前进行了很多的探讨。首先，不应该因为公司自身的生产成本过高，而希望从一所学校或几所学校就收回制作成本，进而使很多学校对于课程的采购望而却步。所以，我们公司针对一所学校的收费远低于课程的制作成本。其次，在课程更新方面，我们必须保证每周都有更新的课程，这样学校才可以放心采购课程。在这里需要特别强调的是，任何 VR 内容生产公司提供给学校的课程一定要成体系化，同时符合学校教学大纲。如果是支离破碎的课程，哪怕是每周都有更新，学校在选择的时候，也要慎重考虑。当然，学校也可以考虑定制课程，只是以目前 VR 课程的制作成本和条件限制来看，定制内容的费用远大于可以推向多个学校的标准化 VR 课程的采购价格。所以，在跟很多学校交流的过程中，现阶段我不是很推荐定制课程这个方案。

○ 设备管理是否会过多地占用课堂时间

以我到目前为止所见，一般学校的 VR 项目实施有两种方案：（1）专门的 VR 教室；（2）一到两个 VR 实验班级，使用移动设备。第一种情况是指学校专门开设 VR 教室，配备专业的 VR 设备。上课时，学生需要到此教室进行上课。这种方案相比之下，不仅要求学校经费充足，而且要有足够的教室场地；第二种情况是指学校不开设专门的 VR 教室，而是配备一到两个班级的 VR 整体设备，包括 VR 头显、教室控制端、充电车等统一方案。在班级需要 VR 授课的时候，将充电车推入班级进行授课即可。

针对第一种情况，设备管理就不用太多时间。这个就跟我们之前的语音教室或者是计算机机房一样，计算机和 VR 设备都是配好放在教室里的，不需要太多的移动。充电也可以直接在本教室进行。但是正因为我刚刚提到的经费和场地问题不好解决，很多学校目前为止都无法选择此种方案。而对于第二个选择，我在本章会提供详细的设备管理建议和解决方案。所以，课堂使用 VR 不仅不会过多占用时间，反而会大大地节省教学时间。

第二节　部分传统教师的质疑：是否会磨灭学生"美"的赏析能力的培养

VR 进入学校的另一个"障碍"就是传统教育模式的固化培养方式。一如我之前提到过的，目前很多学校的授课方式依然是以课堂讲授式为主，更多的是将知识"灌输"给学生。记得高中有一次期末考试之前，一个化学老师就提到过，恨不得把我们的脑子撬开，把知识点都倒进去，这样就不用一遍一遍地重复讲了。的确，我在教学过程中，当个别学生不管用什么方式还是记不住知识点的时候，确实有过这种感受。但是，现在看来，我们需要重新思索的是：第一，这种灌输式传授知识点的方式在课堂教学中所占有的比例是多少？重要性有多大？第二，有哪些方式可以替代讲授式的教学方式，进而提高学生的学习乐趣？第三，学生死记硬背记住知识点对他的学习究竟有多大的好处？

我们当然不能否认传统的教育方式，而且，我们很早以前就开始倡导素质教育，提倡"以教师为中心"的课堂教学转变为"以学生为中心"。很多学校和老师都在这个方面做了很多的尝试。但是以我亲身所见，课堂的很多教师还是"不由自主"地把自己变为讲台上的"主角"。在本节，我要集中精力来探讨一个很多教师在教学中都忽略的问题，而我们又如何通过VR这种方式来有效解决。这也是很多学校领导和老师拒绝使用VR的原因之一。它就是：VR是否会影响教师对学生关于"美"的赏析能力的培养。其实这种反对意见我已经听到过很多次，但是在育新学校的第一次VR融合课程教学研讨会上，我初步提出了一个概念：通过VR培养"批判性思维"，不仅不会影响对学生"美的认知"的培养，还会让学生形成更系统的逻辑思考方式。

下面，我要先介绍一个概念——批判性思维，并探讨一下教师在教学中培养批判性思维的必要性和可行性，然后再跟"美的认知"的培养进行对比。

○ 什么是批判性思维

批判性思维的本义是一种思维形态，对于批判性思维的概念一直以来都没有一个统一解释，比较传统的解释有"它是一种积极并精心构思的，将信息进行应用、分析、综合处理和评估以寻求答案的过程""通过理智并发自内心的思考来决定信仰与行为""是一种用理性来决定信仰的承诺""以发人深省的怀疑态度去参与各项事情的技巧与倾向"等。当代的批判性思维学者们则对这些传统的解释所包含的范围进一步扩大，以适应时代的发展。不管如何解释，批判性思维对于行为主体的基本要求是必须能够进行逻辑性的思考。

同时，批判性思维也可以作为一门学科或课程，其目的是培养人的批判性思维能力。

"批判性思维"这个名称出现得比较晚,但其作为一种意识形态早在古希腊伊奥尼亚学派的和爱利亚学派哲学中已经出现。

爱利亚学派的芝诺通过"二分法""阿基里斯与龟""飞矢"和"运动场"的论证来反对运动,虽然他的结论是明显违背直觉的,但是很难从逻辑上进行反驳。后人为了解决这些悖论煞费苦心,解决这些悖论的过程大大推动了数学和哲学的发展,芝诺的质疑方式已经体现出批判性思维。

苏格拉底继承了爱利亚派的论证方法,他提出的探求知识的"问答法"包括讥讽、助产术、归纳和下定义4个步骤,是通过揭露对方矛盾来发现真理的方法,体现了批判性思维的特征。苏格拉底用质疑和辩论的方法探求善的知识,最终虽然不能给出一个关于善的确切定义,但是在追问过程中人的知识水平可以得到不断提高。苏格拉底的学生柏拉图继承他的思想和批判性思维传统,建立了客观唯心主义哲学。

亚里士多德同样继承了批判性思维,他的名言"吾爱吾师,吾更爱真理"是最好的见证,他的哲学思想是在批判柏拉图理论的基础上形成的。亚里士多德的《工具论》包括《论辩篇》和《辩谬篇》,研究了辩论和谬误的内容,是传统和现代逻辑学教材所没有包括到的,因此《工具论》不仅是一部逻辑学著作,也是关于批判性思维的论著。在西方文化中,批判性思维被不同时代有成就的思想家很好地继承下来并有所发扬。

批判性思维在国外教育方面已有的应用

1948年美国心理学协会大会后,教育心理学家本杰明率先提倡批判性思维教育,自此,人们对批判性思维教育进行了热烈的讨论。

19世纪80年代,美国掀起一股将批判性思维带进学校的热潮。许多其他西方国家也把"批判性思维"作为高等教育的目标之一。

最近几年,国内大学引进了批判性思维课程。

批判性思维通常被理解为能抓住问题要领,不断质疑,遵循正确的逻辑规则,清晰而深刻的日常思维。

美国批判性思维运动的开拓者恩尼斯(RobeaEnnis)认为:"批判性思

维是为决定相信什么或做什么而进行的合理的、反省的思维。"本斯利（D. AlanBensley）认为"批判性思维有以下特点：（1）具有推理知识；（2）具有推理中的认知技能；（3）具有所思考问题的所有相关知识；（4）有进行批判思维的倾向。"

这就是说，批判性思维不仅要求具有一定的推理知识和技能，还要能结合所掌握的知识信息，积极主动地去思考。批判性思维直接与逻辑学相关，还与哲学、语言学、修辞学、论辩学和心理学有关系，是逻辑学家、心理学家和教育学家都关注的内容。

在本节下面的部分，我会重点论证批判性思维不应该到高中或者大学才培养，而是应该在小学阶段就已经养成，学生到高中、大学，需要对其进行系统的学习和研究，这样当学生步入社会参加工作实践才能辩证地思考问题。

○ 批判性思维在国内小学课堂已有的探索

教育学家刘凌芳在《浅谈如何培养小学生的批判性思维》一文中提到，在学生的全面发展过程中，似乎还有一种非常重要的方面被人们冷落了，那就是批判性思维能力的培养。教学过程中的批判性思维，"是指学生在课堂教学中，对活动内容、形式、结果进行优劣、是非评判表现出来的严密的、全面的、有自我反省的思维。"

方法：（1）做个"笨"老师，信任学生，让学生在独立思考中质疑问难；（2）开展课堂辩论，给学生发言的机会，让学生在多角度思考中质疑问难；（3）充分利用操作实验，引导学生，让学生在动手操作中质疑问难；（4）精心设计练习，鼓励学生，让学生在练习中质疑问难。

江西定南县逸夫小学的叶林玉老师在数学教学中提出了几种培养学生批判性思维的方式：（1）鼓励学生大胆"质疑"；（2）培养学生敢于"怀疑"的精神；（3）培养学生"自批自评"的习惯。

批判性思维的培养在小学语文教学上的应用也有教师进行过探索。王誉在《小学语文课程中创造力、批判性思维及解决问题浅析》一文中提出，在批判性思维培养过程中，教师的角色应该是领导者，是评价过程的参与者，是资料补充的提供者。"启发"成为引导学生形成良好思维习惯的关键。批判性思维进行的并不是没有感情的思维过程，生活中的理性思维解决不了所有的问题，人类的生活不能缺少丰富的感情。有梦想才会创造，才会有动力，有梦想才会有创造的渴望。所以，根据王誉老师的观点，在语文教学中，批判性思维可以跟学生的想象力、创造力、潜能的培养一起结合，这几种能力相互影响，不可分割。

英语教学的批判性思维可以在教师讲解阅读和写作时渗透。这个可能是很多老师在中学阶段才会涉及的教学任务设定。但是针对英语语言能力很好的学生，已经可以很好地用英语进行逻辑思维训练、因此完全可以提前在小学阶段培养和锻炼他们的批判性思维。

○ 中小学生形成批判性思维的必要性

教育专家范斌在《浅谈中小学生批判性思维的培养》一文中，提到了这样一个对比描述：美国的教育是把没有问题的学生变得有问题，而中国的教育则是把有问题的学生教得没有问题。范斌提出，教师一定要具备一定程度的批判性思维教学专业知识。这种专业知识包括内容知识、教学法知识和教学法内容知识。内容知识指对课程和教材内容的了解，以及如何将批判性思维的培养渗透到这些内容中；教学法知识指教师对于一般批判性思维教学策略的了解与掌握；教学法内容知识指对特定领域的批判性思维教学所使用的特殊策略的了解与掌握。教师自身也必须是批判思考者，具备批判精神和一定的批判性思维技巧，并对批判性思维的理论与实践有比较深入的研究和学习，善于找出批判性思维与学科教学的联结点。

批判性思维或者是批判性阅读是我在高中和大学教学阶段涉及的教学培养目标。事实上，让学生从高中阶段才开始正式接受批判性思维的培养，在我看来有些晚了。作为教师，应该从小学开始就培养学生们形成批判性思维，将其贯穿在教学过程中，让学生潜移默化地形成批判性思维。

虽说我们一直在提倡索质教育，但是考试一直都是每个学生逃不掉的"痛楚"。分数对很多学生来说是衡量优劣的标准。从小到大，对于各种考试的考前准备，我们都是希望准备出一套"标准答案"。而作为老师，在批卷的时候，只是要看答案是否偏离太大就可以给出评分。可是，这样的结果是，所有学生的思想都是一样的,"好学生"的思维模式都是固定的。应试教育培养出来的学生就好像从同一个工厂的流水线里生产出的"统一"型号的产品。我记得回龙观育新学校郭老师曾经跟我提到过,在她教的六年级学生当中,会遇到这样一个现象,当教师提出某一个问题的时候,学生会说:"老师,我知道你想让我怎么回答。"对于这样的话,我们和郭老师有同样的担忧,我们甚至觉得这非常可怕:如果学生从小学六年级之后,在回答问题的时候,形成的思维习惯是"给出老师想要的答案",那么在之后的学习生涯中,他们的思维习惯会变成什么样的?

我在教学过程中,明显感受到小学低年级的孩子提出的问题比高年级的多。高年级的学生更喜欢记住课堂老师讲的板书,以及 PPT 里面所有的内容。如果课堂展示 PPT 过多,很可能学生大部分时间都在抄写。而低年级的孩子更多的是提出自己的问题,他们喜欢跟老师讨论,喜欢分享自己的认知和经历。这种做法应该是被鼓励而不是被扼杀的。当然,要基于课堂教学的范围之内,切忌"跑题"导致课堂失控而无法完成当堂课的教学目标。

"研究者认为批判性思维的方式主要有两种:一种是独立式,另一种是镶嵌式。前者是独立设置批判性思维训练课程,后者是将批判性思维训练与学科教学相结合,在学科教学中渗透批判性思维的培养。"相对于我国中小学教学现状,第二种方式更为合适,即在教学中潜移默化地培养学生的批判性思维。

○ 批判性思维的形成 vs 对学生"美的认知"的培养

《小学语文新课程标准》的总目标明确指出:"在发展语言能力的同时,发展思维能力;激发想象力和创造力的同时,发展思维能力,激发想象力和创造力潜能。逐步养成实事求是、崇尚真知的科学态度,初步掌握科学的思想方法。"所谓思维能力和科学的思想方法的培养,就是培养学生很好的逻辑性思维,而这恰恰是小学语文教学新课程标准的总目标的范畴。因而,在小学阶段形成批判性思维跟激发学生的想象力、创造力同样重要。

教师培养学生的想象力(包括某些教师所强调的"对'美的认知'"的培养),不仅会使很多顶尖的学生成为艺术家、文学家、科学家等;也会帮助很多优秀的学生进入社会工作后展现自己在艺术、文学等方面的素养。那么，不论学生未来从事的是专业性强的行业，还是综合性行业，他们都可以通过自己的审美和创造力提高自己的职场竞争力。

教师培养学生的批判性思维的能力，使得很多顶尖的学生未来可以成为律师、法官、主持人等；优秀的学生也可以在任何工作中，有效地利用逻辑思维，辩证地思考问题，这样无论在商务谈判、文案构思，还是项目策划等方面，都能注意到每一个细节，从不同的角度进行思考。而这个能力是在生活当中的方方面面都可以用得到的。

在这里，我们无法去比较孰轻孰重，因为对于一个人的发展来说，似乎批判性思维应该是做事需要的逻辑思考能力，而想象力似乎是更加抽象的，更偏向理论层面的能力。记得曾经听过环球时代校长吴中东教授提到，文学是给王子和公主学的。坦白说，虽然很多人可能持否定意见，认为普通人，或者是温饱都解决不了的人也可以去学文学，因为每个人都有权利去欣赏美，感悟美。但是现实生活中，当一个人吃不饱，穿不暖，在每天努力"养家糊口"的同时很难再去感悟美了。所以，我个人认为，批判性思维可以让一个人有很好的工作表现，进而有资本去欣赏美，感悟美。另外，也有人说，想象力和创造力其实基于良好的逻辑思维能力，而这也是形成批判性思维的必要条件。因此二者不仅无法分得清孰轻孰重，而且是相互联系、相互补充的。

对于是否应该将 VR 应用到语文或者文学类进行教学，尤其是小学生的语文课程中，一直都有两种不同的声音：

第一种：我们需要通过 VR 这种方式带给学生意境（因为中小学学生受自身经验和阅历的局限，需要教师通过某些多媒体方式，如 VR，将学生带到意境中）；

第二种：VR 会磨灭学生对这些意境的想象能力（因 VR 自身超强的"身临其境"的感受，会将"美的意境"限定在学生所体验到的一种形式之内，从而将美"固定化"，失去了对美的遐想能力，教师的具体顾虑参见第七章第四节）。

教师是否需要通过某些渠道来培养学生对"美的认知"能力，关于这部分的探讨和论证，我想先从一个故事讲起。这个故事，很多研究教育和教育心理学的人都听说过。在讲故事之前,请大家先看下面这张图(见图8-1)。

图8-1 "鱼牛"的故事

欧洲有一则童话,讲的是鱼和青蛙是在池塘里一起长大的朋友。有一天,青蛙离开池塘去见识外面的世界。后来青蛙回到了池塘,鱼让青蛙给它讲讲外面的世界。青蛙说,外面的世界有许多有趣的事物。比如牛,它身体庞大,头上长着两只角,身体上有花斑纹,有四条腿,有奶囊,爱吃草。于是鱼根据青蛙的描述,在脑海里形成了"牛"的样子:鱼的身子,长着斑纹,头上有角,身子下有四条腿,有奶囊,吃着青草。这个就是所谓的"鱼牛"了,就是如图8-1所示的样子。

建构主义认为:知识不是通过教师传授得到的,而是学习者在一定的情境下,借助他人的帮助,利用必要的学习资料、媒体,通过意义建构的方式而获得。在实际的课堂教学过程中,教师如果不利用各种学习资料和媒介,便会影响到学生对很多概念的理解。单纯通过抽象的讲述,很容易让学生对某一个事物产生错误的认知,这样对于学生知识结构的形成有百害而无一利。

莎士比亚曾经说过:一千个读者的眼里就有一千个哈姆雷特(There are a thousand Hamlets in a thousand people's eyes)。不论电影或戏剧以何种方式诠释何种性格的哈姆雷特,大家对他的理解都是不同的。文学作品因每个人的欣赏角度和理解方式不同而变得更美——它给予人想象的空间。我是从高中才开始了解《哈姆雷特》这部作品。曾经对哈姆雷特的认识,主要是来源于那句"To be, or not to be: that is the question."(生存还是灭亡,这是一个问题）。对于中学时期的我来说，那本厚重的《哈姆雷特》总是让我望而却步，相比之下，我还是喜欢选择薄一点的书来读。于是，对《哈姆雷特》这部文学作品是我在大学期间英国文学的专业课上才有一个初步了解，再利用课外时间去研读的。尽管如此，由于学业的繁重和各种考试的压力，我也只谈得上精读一部分精选片段。反而是看了一部《哈姆雷特》的电影，让我对他有了一定的认识，才更喜欢去多多研究他的性格，以及在文学作品中的经典 soliloquy（独白）。

纵使文学给人以美的遐想空间，可是对于需要用大部分时间仔细研读的经典名著，很多人往往选择放弃。我作为一个英语专业的学生，很多人眼里的学霸，一个曾经的英美文学赏析课教师，对《哈姆雷特》这部作品的熟悉最初也是通过电影、文学赏析论文、影评等方面获得的。而对于很多喜欢推理、喜欢游戏的学生来说，没有文学赏析的"基因"，恐怕很难真正地读这部作品，更不用说读懂或评论了。

然而，很多人都批判电影对《哈姆雷特》的诠释，因为电影磨灭了我们对哈姆雷特各种性格的理解与遐想。正如我在高中语文课学习时曾和班上同学热烈讨论的一个话题：维纳斯是否应该有双臂？因为她没有双臂，大家可以联想出很多美的动作；如果赋予她双臂，她的美就固定在一种形式。但是这有一个前提，维纳斯曼妙的身躯已经呈现在我们的面前，我们需要联想的仅仅是她的双臂。如果让一个对维纳斯没有任何理解的学生去想象维纳斯应该是什么样的，去欣赏她的美，恐怕是天方夜谭，或者就算是花费大量的时间，我们也不敢保证这个学生是否真正地理解了"美"的层面。

对于 VR 是否应用在语文教学中，其实跟大部分人读《哈姆雷特》和通过电影这种方式来认识《哈姆雷特》类似：在学生没有经验积累的前提之下，不论我们花多少时间去告诉学生这部作品的重要性以及它有多美，学生的学习动机都无法调动起来；通过一部电影，深入浅出，让学生初步认识他的经历并理解他的性格，学生就会对他产生兴趣。VR 应用到语文中，正是大大地促进了学生学习动机的培养，并加大他们继续阅读和理解的乐趣。

在第一次融合课（见第七章第四节）的会议中，当我们讨论通过 VR 的方式来呈现一首田园诗歌时，有一位语文老师非常激动，当即否认了这种做法。她认为：VR 这种方式给人的印象太深刻了，里面的场景都深深地刻在了她的脑子里，完全忘不掉。这样，很多学生都失去了对"美的认知"的培养；美丽的田园应该是什么样的，应该让学生自己去想象。这个意境，一旦说出来，反而就不美了。或者说，这种美就固定了，学生没有发挥的空间。

然而，对于完全不理解田园是什么样的学生来说，或者是没有过农村生活经历的学生来说，这样似乎太难。他们需要一个场景，哪怕是一张图片，让他们认识到田园大概是什么样的。然后再基于此进行想象，一如让他们想象维纳斯的双臂。

除了小学语文课程之外，美术课也是如此。如果语文老师担心VR会影响到学生对"美的认知和遐想能力"的培养，担心他们形成固定思维而无法用语言表达出来，那么美术老师担心的应该是他们无法画出来了吧？可是，对于学习艺术的学生来说美的培养更多的是在已有认知的既定事物中寻找美，并将它描绘出来，或者是将自己想象中的情景、画面、故事以艺术的形式表现出来。借助一句电影中的台词："美是相对丑而存在的，没有丑就没有美"，而美术中最重要的就是审美观的产生，这方面的学习与培养更多的是通过阅历、经验、观察、比较等方面来积累的。比如一个人在农村长大，每日陪伴他的就是村里辛劳的人们、拉磨耕田的驴子还有粗布麻衣，而他见过的最美丽的姑娘就是村主任家的小芳，那么他就有可能认为这世界上只有驴子是最矫健、耐劳、勤恳的动物。可是突然有一天一队商贾经过他们的村庄，拉车的是一匹高头大马，车上坐的是年轻靓丽、皮肤白嫩、穿着绫罗绸缎的千金小姐。这时他才知道原来世上还有比驴子更神骏的动物，还有比小芳更美丽的姑娘，还有比粗布麻衣更华丽的衣裳，当他知道这些之后他就会对美产生新的认知。这也就是为什么学习美术的学生们经常要出外写生、参观展览和探访文化古迹了，只有不断地对事物进行观察和比较，积攒阅历和经验才能够对事物产生审美观，如果没有任何的积攒，美更是无从说起的。

那么，VR的功能仅仅是给学生一个场景或者意境吗？我们未免太小看VR了。或者说，我们有点将VR大材小用了。

如果这堂课让我来讲，我完全可以先给学生一定的图片介绍，稍微让学生畅想一下。然后让学生体验VR，体验后，让学生对比他们想象的田园风光是什么样的,和我们刚刚看到的有什么不同;我们看到的 VR 场景中,哪些部分有他们想象到的内容,哪些没有。因为 VR 的内容给人以足够深刻的印象,学生完全可以进行对比和赏析。我会让学生充分地展开讨论,再让他们用文字进行对比和描述。正如本节前面部分所提到的,我国针对小学生并没有单独的批判性思维课程,应该将批判性思维贯穿在教学始终。批判性思维并不是让学生直接说哪些好,哪些不好,而是需要证明为什么好,为什么不好。在这个过程中,潜移默化地形成学生判断事物的能力,以及分析问题的逻辑思考能力。

除此之外,教师也要鼓励学生大胆质疑。由于 VR 受到硬件资源的限制,以及动画方面的限制,有些地方跟现实生活会有一定的区别。对于已经有过经验积累(去农村生活过)的学生,他们可以告诉大家,他们见到了哪些元素,在 VR 课程中没有体验出来。如果让他们设计,他们会在里面添加什么内容。

总而言之,VR 课程可以用来课前引导,激起学生的学习乐趣,促进学生的学习动机;可以用在课中或课后,促进学生批判性思维的形成。而对于"美的认知"的培养,即学生的想象力、创造力等能力的培养,跟学生的批判性思维的形成同等重要。教师完全可以通过 VR 这种方式,同时有效地培养学生这几种能力。

第三节　VR 进入学校教学过程的管理建议

在本章第一节我提到过,硬件设备的管理是很多学校领导和老师对使用 VR 进行课堂教学再三犹豫的原因之一。在本节,我会重点阐述一下 VR 在各个方面如何进行管理,并结合我的实际操作经验给出一些建议。

学校在选取硬件的时候,可以结合自身的资金和空间的情况,选取相应的 VR 头显设备。可以供学校选择的有一体机、VR 眼镜或者是连接电脑的 VR 头显。三者具体的区别请见第一章。

○ VR头显设备管理

我给学校提供 VR 头显硬件选择方案时，一般会提供如下几点建议。

1. 设备选取：VR 设备建议选取 VR 一体机，一方面便于管理，另一方面是因为机器里的内容都是定制的，学生不会轻易地开小差，偷玩游戏或其他资源。学生在课堂使用过程中如果选取其他的 VR 硬件设备方案，如使用手机 +VR 眼镜的方案，会浪费时间在将手机插入到 VR 眼镜盒子等方面。一体机厂商可以针对学校提供专门的系统，让学生杜绝使用游戏、影音等娱乐方面的资源；如果是选用连接电脑的 VR 头显设备，就面临着每一个学生不仅要配备一台 VR 头显，还要配备对应的电脑设备，大大地增加硬件配备的成本。

2. 专用充电车：建议学校选择采购对应的专用设备充电车。因为这些都是电子设备，不管是采用一体机还是手机 +VR 眼镜，为了便于课堂管理，并避免设备因为没电导致学生无法使用的状况，建议学校采用专用充电车。这样做的另一个好处是，不需要固定在某个教室上 VR 课，当某个教室需要使用 VR 进行上课时，只需要把充电车推到对应的班级进行上课即可。

3. 专人专管：专人专管一方面体现在教师专门指定两个学生负责在课前把充电车推到教室，上完课将充电车推回；另一方面在课堂教学过程中，教师指定学生发放 VR 设备，在下课的时候，由该生回收设备。这样避免上课出现混乱状况，同时大大地节约课堂设备管理时间。

4. 固定课堂 VR 设备发放和收取的顺序，让学生形成固定的习惯和使用纪律。

针对使用 BYOD 教学模式的学习，即学生自带设备（如手机），上课使用 VR 眼镜这种方式来进行的 VR 授课，我对于硬件的管理方面有如下几点建议。

1. 设备收取和发放：对于小学生来说，自带设备进入学校，学校最关注的问题一方面是学生是否会保管好设备，是否会出现设备丢失的情况；另一方面担心是否会出现学生上课不专心听课，偷偷玩手机的情况。所以，最好的做法是，早上由班主任固定某个学生收取设备，送到指定的地点统一管理。在上课的时候，统一发放设备。

2. 专人专管：教师依然要指定专人管理 VR 设备，进行收取和发放。

○ VR内容与教学系统

生产 VR 教育内容的公司，在将内容推向学校的过程中，一般都会推荐该公司的操作系统。而作为一个有多年一线教师经验和跟众多学校领导和老师打交道的从业者来说，我想向 VR 内容团队提供如下中肯的建议。

1. 操作系统一定简单易用

对于教师而言，VR 内容的操作系统一定不能过于复杂。教师在教学环节过程中，会遇到很多突发状况。而在教师的课堂教学过程中，一定要以学生的身心发展和知识理解程度为核心，教师关注的点都在学生的身上。如果教师把过多的精力都放在硬件设备的管理和操作系统方面，那么教师很可能之后就拒绝使用 VR 进行课堂教学了。

2. VR 课程时长不能过长

VR 课程时长一定不能过长，一方面，目前的硬件体验还没有达到所有学生 45 分钟从头到尾百分之百满意的完美程度；另一方面，有效地设置 VR 课程，可以让教师在 10 分钟之内解决绝大部分的教学痛点。而学生能将注意力持续放在一件事上的时间也在 10 分钟内。所以，针对现在的情况，将 VR 课程设置在 10 分钟内还是最稳妥的做法。

3. VR 课程内容以教材为依托，成体系

这个相信不用过多地解释，VR 课程一定是系统的、以教材为依托的内容，而不是天马行空的 VR 展示。否则，这只能是 C 端用户体验的产品，而谈不上教学产品。好的教学产品一定是满足教师教学痛点的，以教学大纲为依托的、系统的内容。

4. VR 内容设计不宜过于烦琐，不能给教师造成过多的备课压力

在 VR 课程中，有策划和专门的情节设计，如果课程内容设计过于烦琐，教师备课压力会太重。VR 不同于传统的平面内容，一个 PPT 或者是一个视频，集中解决一个问题，就在观察者的前方展示。VR 是 360°、全沉浸式的。有些 VR 内容生产团队展示的内容要求教师拿着他们生产的 VR 内容给学生统一进行讲解，这就要求教师了解 VR 内容的每一分每一秒，VR 头显内容

里的上下左右、前前后后的每一个不同角度里每一个不同元素的位置。这个记忆难度就是几何级的上涨。如果这样备课，估计很多教师都会"崩溃"。

○ 教室安排和布置

在教室安排方面，如果学校选用的是一体机方案，其实不需要专门选取一个教室来上课。学生只需要在相应的时间内，把充电车推过来即可。但是，在课堂体验或者是某些展示过程中，学校需要注意下面几点。

1. 一定要让学生坐着体验，千万不能让学生在没有保护的情况之下站着。

在展会展示或者是市场推广的过程中，我发现了这样一个现象：由于VR内容太生动，太吸引学生，如果学生体验的时候是站着的，旁边若没有人进行保护和监管，学生会不由自主地在空间内走动。如果空间内有障碍物，如有楼梯或者是其他的危险，会对学生的安全造成很大的隐患。

2. 在课堂环节尽量不要让学生使用手柄等交互工具（专门的实验室除外）。

如果是VR教室的方案，在课堂过程中使用手柄的话，由于学生戴上VR头显，看不见其他事物，很有可能在操作过程中出现手拿不住，手柄掉到地上，或者是操作动作过大，碰到其他同学等现象。所以，针对VR教室交互的设计，应尽量选择"轻交互"，目前我们公司选取的方案是头部控制。在学校课堂的使用过程中，因为两个学生位置相邻，会造成相互干扰，也不建议采用手势控制的方案进行交互。

在学校的实际管理中，可能出现各种突发状况，针对学校的具体情况，在选用VR时，一定要充分考虑各种安全措施，真正地让VR为教学所用，让设备服务教学，而不是教学被设备束缚。

第四节 VR 内容自主创新和保护

内容的自主创新和保护一直都是难题和挑战，对于VR行业尤其如此。VR行业一直在追捧"内容为王"的理念，但为什么好的内容迟迟不肯登场？

是没有好的想法，还是没有制作的实力？这些问题虽然确实在某些条件的限定下如社会环境、流行理念、推广效能等制约着好的 VR 内容的产出，但更多的还是抄袭和盗版的现象屡见不鲜。因为在技术行业内流传着一句话，"代码可以实现的功能，怎么能叫盗版"。确实在程序员的眼中，"语言"是公用的，虽然两款产品展示效果相近，但其底层的表述方式却有可能完全不同，这确实谈不上是"抄袭"或"剽窃"。但第一套产品从"想法"的产出、不断尝试的开发到产品受到大众的认可和普遍应用时，要经历多少的时间，花费多少的心血才有可能实现。所以现在很多很好的内容都成了创业者们手中的宝贝疙瘩，生怕被人剽窃去哪怕一星半点儿。就像我在前面章节提到过的，另一个 VR 内容的初创公司，甚至不愿意把他们的内容展示给我看一样。同样在一个教育装备展上，要体验 VR 内容，体验者必须要留自己的名片和联系方式一样。大家对于内容"流"到谁的手里，这个人是否是竞争对手，是非常在意的。另外，内容创业者们也担心自己精心打磨的产品被放到网上，被人胡乱下载。总之，大家绞尽脑汁、想方设法避免"盗版"和"胡乱下载"的现象发生。

○ 版权，用法律保护自己

可能由于我曾经在汤森·路透（Thompson Reuters）工作过，或者是出于本科阶段辅修了法学专业的原因，我对于知识产权的保护非常重视。身为内容生产团队的参与者，我更要首先通过法律的武器保护好我们生产的内容。在这里，我要强调一下，我非常愿意和他人分享我的作品，但是对方需要知道的是，这个作品是我们生产的才可以。版权保护一直是一个老生常谈的问题。从 2010 年至 2016 年的各种影视作品的"借鉴"，到各种文学"同人"产品，甚至到某些游戏产品，仅仅换个名字的"模仿"，这些都把一个很现实的问题摆在了我们的面前——如何保护自主知识产权！

例如 2000 年后，VCD 盛行的时期，盗版异常猖獗，人们只需要化费几块钱，就可以买到影院中正在放映的几十元一张票的大片，或者十几元就能买到价值几百元、开发多年的游戏大作。这些盗版现象在当时中国经济飞速发展的时期是无法避免的，因为在当时人们的消费水平跟不上经济的飞速发展,这就成为了盗版产生的"温床"。随着多年经济和时代的发展,人们的经济和生活水平得到了显著提高的同时,盗版虽然得到了很好的控制,却出现了其他形式的"创新"。

2016年最火的某导演拍摄的中国首部真人CG电影,就被指抄袭了多部他国动漫、影视、游戏作品,其中的故事构架、情节安排、人物能力设计与我国邻邦的动漫作品极其相似,剧中的人物造型、场景画面更是被曝完美借鉴了好莱坞大片中的设计,他们对于原著没有任何的尊重,因为被"借鉴"的作品在我国没有申请著作权保护。虽然这一特例让人看起来触目惊心,但类似如此的影视、游戏、文学作品在国内并不少见。虽然这个例子和盗版有着天壤之别,但创意就不被保护了吗?可能有人说:"天下文章一大抄,看你会抄不会抄,只要我抄得让你看不出来不就好了吗?"事实上并非如此。自2011年以来,国内电视业界购买国外电视节目模板兴起,如浙江卫视斥巨资购买了《中国梦想秀》节目模板。

以上这些例子都是对于其他已成型作品创意的模仿与借鉴。对于初创型企业来说,相较于大公司,我们拥有的就是拼搏的精神和不断创新的想法。这就如一直刚刚破壳的雏鸟,在充满机会与危机的森林中生存,能够保护我们免受伤害的就是头顶上为我们遮风挡雨的大树,而它就是《软件著作权保护法》。虽然我们可以使用法律来保护自己,但只有将我们的创意制作成为作品(这里主要指虚拟现实内容产品),完整地呈现及表达创作的想法时,它才具备版权保护的基本特质。因为软件在《著作权保护法》中,思想是不具备法律诉讼条件的。只有完全呈现的产品,通过影视、文学、录音、画作、软件等形式公布才可以成为法律诉讼的主体。

当大脑中的构思被表达或记录下来,也就具备了作品的独创性和可复制性两个特征。对于已经成为作品的创意,它已经内含于作品中,例如,除了新颖的小说、戏曲、音乐,还有计算机软件、论文的开题报告、课题申报书、商业策划书、设计文案等。对所有创意一概运用版权法保护的观点是值得商榷的,因为这与版权法思想与表达二分法的原则是相违背的,版权法不保护思想,而只保护思想的表达,这一原则体现了版权保护的根本性质,获得了国际性的认可,也是我国版权法的一项基本原则。该原则的宗旨被认为是划定了版权保护对象与公有领域之间以及专利权保护对象之间的界限。如果创意仅是主观通向客观的桥梁，是创意人将心中之物转为手中之物的过程，给予保护则容易造成思想垄断和损害社会公共利益。所以，创意在大脑中形成，还要被表达或记录出来，形成作品，才有获得版权保护的可能。

作为内容的产出方，版权的保护是必须要申请的。同时，在与投资人的接洽中，他们也会经常询问关于著作权的问题，是否拥有著作权保护等。有些投资人则会关注产品IP形象的保护，正如上面所说，因为创意介于思想与表达之间，而IP则在表达中占有主导地位，可以对作品进行更充分的讲述，在很多强IP为主导，以IP贯穿全部内容的作品中，IP本身就是创意的完整表达。那么对于IP形象的保护，则可以理解为是对著作权创意思想的一种知识产权保护形式。

在申请著作权保护时也应注意当前产品的特性，根据其特性申请不同形式的著作权保护类别。

○ 打击盗版，更严密的锁

在网络发达的今天，所有形式的作品均可以数字化的形式在网络间流传，被复制传播，这就使得正式版权的维护成了很难控制的事情。那么，如何才能保证自己的内容不会泛滥至网络世界中而丢失了原本自身的价值则成了所有内容创作者最关注的问题。目前技术发展中比较有效的保护措施主要是通过网络、硬件、软件内容等，借助验证、加密、捆绑的形式对用户和内容进行锁定。其中每种不同的保护手段都有自己的便捷和缺陷。下面，我重点介绍四种安全措施。

1.网络验证，有效链接用户。网络实名验证是目前应用最为广泛、使用最为便捷的一种验证方式。用户只需要有实名验证的手机号码和联通互联网即可进行验证，其基本流程为：①用户下载内容至设备终端；②打开软件并在软件内部输入个人手机号码，发送验证信息；③收到验证码，并输入后通过验证。这套流程看起来并不复杂，但对网络安全的要求却很大，需要服务器与用户登录信息的绑定验证，这套流程对于软件与用户强化管理有很大的帮助，如淘宝、微信、网络游戏等，便于对用户个人信息的管理、保障账户的安全、使用记录的收集等。但对服务器安全保护要求极其严格，且对人员配置要求很高，对于初创型公司负担过重，因为服务器处于随时联网状态，随时处于网络黑客与病毒的攻击当中。我的合伙人所在公司的服务器（体育类电商平台 APP）就经常受到网络黑客的攻击，并且网络病毒时刻都在渗透。对于病毒攻击，市面上服务器级别的防护软件都可以很好地拦截，再加上公司服务器底层开发人员对底层代码及构架的深度编写也可有效地防止病毒的侵蚀。对于黑客的攻击，需要技术安全人员对其进行拦截，在黑客攻击的同时进行拦截及修补，而这样的一支团队的运营成本是非常高的。只有当公司发展到一定规模，拥有一定体量时才建议组建。

2. 硬件加密，核心算法是关键。硬件加密则是属于非网络状态下的防护，产品通过获取用户终端设备的唯一数据，对其进行特殊运算后产生唯一代码，再使用其他手段进行验证后即可在同一台机器中无限制地使用。这套加密措施可以实现内容对于使用设备唯一性的捆绑保护，且只需要有自主的核心加密算法即可实现绑定。该保护方式并不像网络验证对于服务器及团队能力的要求那么严格，且价廉物美。但其缺点也是十分明显的，例如：①操作步骤烦琐，对用户操作要求较高；②每生产一个产品就需要一套新的加密算法，如果公司不停地更新产品就势必会增加重复工作量；③单一产品破解后便可无限复制，会对产品产生严重的冲击；④如果用户更换设备即等于丢失产品，除非是工具性极强的软件，否则需要重新购买，这样便会造成用户体验下降，甚至流失。如 adobe 的系列软件被破解后即可大范围复制，无须购买即可随意使用，但一般破解这类软件之初的目的是不法分子为了盗取个人信息在破解中加入了木马病毒程序。虽然该方式对于初创型团队来说可以很好地控制成本，但其缺陷也十分明显，仅在产品未大范围产出前可以小范围适当使用，以确保公司自我利益的保护。

3. 内付费，破解后的又一层保护。这里所说的内付费，是指我们智能手机中安装的智能软件（简称 APP），在下载安装 APP 后若需购买额外服务或内容，无须退出去到其他途径（如网站、商城、线下实体店）即可通过 APP 内部直接购买云端服务器中提供的内容。该种方式可以大大地节约用户的操作步骤与时间，但也需要服务器的保护与支持。就如我们熟知的手机网络游戏的内部购买、网络课程的学习等，这就有效地杜绝了盗版的可能。不过它需要将所有内容或运行的核心数据装载到云端服务器，在用户使用的时候需要通过网络数据的调取来获取相关内容,这就对网络带宽和地域的局限性提出了要求。因为移动设备和网络的发展使得用户是移动的,他们在使用软件时的情景也是多种多样的,我们无法严格地限制用户的使用习惯,这样会造成用户对产品好感度大打折扣,我们只能引导和培养用户使用习惯,并进一步地解决和规范产品问题。但在网络发达的今天,单机模式下的加密已经无法保证产品的正常运营,只有结合网络验证、硬件锁定、云端存储等多方面保护手段,才能在技术层面上对软件产品起到较高的保护作用。在结合公司现状和发展规划的情境下,可以根据需求选择适当的加密手段进行保护。

4. 渠道合作,规范市场。即便在如此严密的加密工作中,依然会有盗版破解行为的出现,而如何更有效地防范和规范渠道市场则成为最后一道保障。因为 Windows 和 Android 的开源性与 Apple 的封闭性的区别,我们主要说一说前两种系统下网络市场的情况。现在 Windows 和 Android 系统平台上充斥着各种各样的软件市场,从手机厂商的软件市场、大型网络服务商的软件市场到各种各样的垂直软件市场不计其数,而如何有效地整合软件市场平台资源、认证自有产品资源、限定平台供应及其他非市场型平台内容管控呢?只有在确保平台及公司利益的同时,才能促使平台商联合起来,共同打击破解和盗版,再结合法律对盗取他人劳动成果及著作权保护法中的相关条款的界定,对使用盗版的行为人或公司进行制裁,这样才能双管齐下,有效治理市场乱象。知名的 Office、Photoshop 等软件均是以该种方法来确保自身利益的。

○ 坚持原创,从我做起

之前我们说到的著作权保护及软件加密保护措施等,均属于被动保护范围,而有效的保护措施则是主动保护。那么,什么样的行为才是有效的主动保护呢?

坚持原创,一直是文化创意和创业圈老生常谈的话题,那么我们先来说说什么是原创。原创是对已有参照物的怀疑与不认同,是在刷新固有的经典事物之后呈现出破土而出的生命气息,是在展现某种被忽视的体验,并预设着新的可能性;原创是可经过、可停留、可发展的新的存在,是新的经典的原型，具有集体共识的社会价值。原创不是对已有状态的完善与提升，也不是对已有的存在进行另类注解。原创，不是模仿与抄袭，它是蜕变，具有非连续性特点。只有拒绝抄袭，才有新创造。原创，是传统的挑战者，原创的目标是制造新的传统。原创，不反对传统，却以传统为参照物而承传并更新着传统。原创，是来自作者的灵感。原创需要那么多的积累与契机才能够成功，而仅仅只需要抄袭那些已经成功的产品就可能可以使得公司、个人获得很好的利益或名气。不过，如果没有原创作品，他们永远只可能作为跟风者跟随社会与市场的走向，或许在前期还可以不断地跟着先锋企业的步伐挣扎前行，但随着产品形态的多样化，当各种各样不同类型的产品层出不穷时，当需要甄别抄袭哪款产品才能确保自己可以获得利益时，那么只作为一名没有原创思维、没有创造力的抄袭者，将因没有甄别的能力而渐渐地沦为旁观者，甚至被大潮所吞没。所以只有坚持拥有原创精神，发挥自主创造力，才能跟上时代前进的步伐。

　　自主创新，是我国的经济发展策略，关系着我国在世界经济范围内的地位，也带动着社会的发展。创新是指以现有思维模式提出与常规或常人思维的见解，利用现有知识和物质，在特定环境中本着满足或改善社会需求，而创造新的事物、方法、路径、环境等，并能获得一定有益效果的行为。其起源于拉丁语，有三层含义：第一，更新；第二，创造新的东西；第三，改变。创新是人类特有的认识能力和实践能力，是人类主观能动性的高级表现，是推动民族进步和社会发展的不竭动力。一个民族要想走在时代前列，就一刻也不能没有创新思维，一刻也不能停止各种创新。创新在经济、技术、社会学以及建筑学等领域的研究中举足轻重。在经济学上，创新概念的起源为美籍经济学家熊彼特在1912年出版的《经济发展概论》一书。熊彼特在其著作中提出：创新是指把一种新的生产要素和生产条件的"新结合"引入生产体系。它包括五种情况：引入一种新产品，引入一种新的生产方法，开辟一个新的市场，获得原材料或半成品的一种新的供应来源，新的组织形式。熊彼特的创新概念包含的范围很广，如涉及技术性变化的创新及非技术性变化的组织创新。到20世纪60年代，新技术革命开始迅猛发展。美国经济学家华尔特·罗斯托提出了"起飞"六阶段理论，对"创新"的概念发展为"技术创新"，把"技术创新"提高到"创新"的主导地位。正因为创新对国家和社会有着如此重要的作用，所以我们更要坚持自主创新，这也是为何我国政策鼓励大众创业、万众创新的宗旨所在。唯有不断地坚持原创与创新，才能保持国家经济和企业发展的持续动力。而创业中的风险投资机构也是围绕着企业的原创性与创新性进行评估与考量的。

对于学校或其他用户来说，采购的如果是从多个外包公司"搜罗"出来的内容，风格不能统一，版权无法保证，很可能会让用户对于良莠不齐的内容产生反感。因此坚持原创，保证优秀、系统的内容，形成公司的特色，也是初创团队保护自己的一种方式。不管对方如何抄袭，从IP、产品设计思路、风格等多方面，用户都能够分辨出作品的归属地是哪家公司。这就是为什么我曾经在展会上听到一个用户说，他看到了很多做VR教育的公司展示的都是同一个内容，而只有我们的内容是有真才实学的。坦白讲，我真的不敢以"只有我们是真才实学的"自居，但它们肯定是我和团队"呕心沥血"所原创的。不管如何效仿，"懂行"的或者是"行内人"一看便知。

综上，一个创新型创业公司，只有在拥有创新性想法及发展策略的前提下，坚持产品的原创与源源不断的持续性产出，同时在产品使用安全及法律安全双保护的情况下，才能够在这个既美好又残酷的年代生存下去。唯有自强不息，方能改变一切。

展望篇

第九章
展望未来

未来,总是让人充满无限遐想的。有句话是这么说的,"只有想不到的,没有做不到的"。纵观人类历史的重大突破,都是因为我们勇于畅想和做梦。曾经,我们梦想能够像鸟儿一样在天空中飞行,像鱼儿一样在海中畅游,如嫦娥一样踏足月球……太多在某些时代遥不可及的梦想如今都陆续实现了,人类科技发展的速度甚至超出我们想象的速度。

我刚刚进入VR这个行业的时候,曾看过一段视频。里面大概的情节是:一个男生跟女生约会,他戴了一副眼镜,而这副眼镜可以实时告诉他这个女生的每个表情代表什么,综合分析判断出他是否可以跟她有进一步的发展,让这个女生成为他的女友。现在看来,这不过就是通过结合AR眼镜和大数据实现的。虽然目前的科技还没有完全实现视频里的程度,但相信不久的将来就可以实现。

那么在本章,让我们尽情畅想一下,未来的教育究竟是什么样的。而VR在其中扮演什么样的角色,可以发挥哪些作用。

第一节 携手共赢,搭建生态:VR可以跟哪些教学模式进行结合

畅想之前,我先浅谈一下基于目前的教育模式,VR可以做出哪些创新。这些是到目前为止"触碰得到"的结合方式。

○ VR结合微课

微课程最初由2008年美国新墨西哥州圣胡安学院戴维·彭罗斯(David

Penrose）提出，并称之为"知识脉冲"。微课程较为确切的描述应该是"时间在 10 分钟左右（一般人注意力集中的有效时间），有明确的教学目标，内容短小，集中说明一个问题的小课程"。它的主要载体是短小精悍的微视频（也可以是其他媒体形式，如文本、音频、动画、软件等），再加上相应的学习活动设计。这种课程的主要特征是：教学资源"微"（视频微课）和学习活动"微"（其内容可包括微目标、微任务、微问题、微实验、微互动、微作业、微评价等），从而覆现基本完整的课程要素。

如果单纯将 VR 课程内容（甚至有些人会定义为 VR 视频）替代微课的视频，那么这种理解有些"冤枉" VR 的功效了。当然，VR 课程或者是 VR 视频可以替代微视频来成为课堂的素材。但是，前面章节中提到过，在微课教学过程中遇到的问题包括学生的深度学习不足，或者学生容易走神。首先，VR 可以更有效地解决学生注意力分散、课程互动问题。同时因为 VR 课程可以更有效地调动学生的学习兴趣，这样学生在体验 VR 内容过程中可以迅速记住需要进一步探索学习的知识点，跟知识点发生交互（如学生体验的 VR 课程包含知识点交互部分，这取决于 VR 内容的提供方），从而有效解决知识点深度学习的问题。同时，在之后的教师讲解或答疑环节，学生可以更自主地选择深度学习方向，从而有效地解决学习过程的选择性和个性化问题（此部分关于微课面临的问题，详见第二章第二节）。

对于教学操作过程，教师可以将 VR 课程体验放在课前、课中，也可以放在接近课堂结束的环节（不建议）。一方面 VR 课程可以作为信息化课程教学前移的一个重要手段来调动学生的学习动机以及进行知识介绍和引导，另一方面 VR 也是课中利用碎片化时间促进学生深度、个性化学习的有效手段。

我们希望在不远的未来，老师也可以参与 VR 微课的视频录制，甚至参与到部分的建模、动画制作过程中，再根据不同班级的学生不同需求，把知识点嵌入 VR 微课中去。这样不仅可以让学生学习到所有的知识点，更可以有效地、有针对性地解决学生在学习过程中遇到的各种问题，再把重点难点渗入下一次微课视频的制作中，这样循序渐进的教学过程可以有效地帮助学生能够将学到的知识进行灵活运用，且进行深度、个性化的学习。

○ VR结合翻转课堂

K12兴起的翻转课堂,源于2007年美国科罗拉多州林地公园高中化学教师乔纳森·伯格曼(Jon Bergmann)等开创的一项教学实践;随之,一批美国中小学跟进(李炳亭:《美国的翻转课堂》)。

翻转课堂的概念,按照萨尔曼·可汗自己的理解,是"翻转课堂指的是让学生按照自己的学习进度在家中上课,然后再到课堂上与老师和同学一起解决疑问"(萨尔曼·可汗:《翻转课堂的可汗学院》,浙江人民出版社)。

乔纳森·伯格曼和亚伦·萨姆斯认为,"翻转课堂是让所有学生都能做到个性化教育,是一种增加学生和教师之间的互动和个性化接触时间的手段,它不是在线课程"。

美国林地高中认为,在翻转后的课内需要高质量的学习活动,让学生有机会在具体环境中应用其所学内容,如独立解决问题、探究性活动、科学实验、基于项目的学习等。

翻转课堂不是在线视频的代名词,除了教学视频外,还有面对面的互动时间,让同学和教师一起进行有意义的学习活动。在实际操作过程中,大多数人把主要精力集中在视频制作上,然而,翻转课堂最重要的阶段是在课堂上,教师如何支配增加的自由时间追踪和帮助学生,最重要的体验是在上课时间能做到与每个孩子进行一对一教学。

学生在家使用VR设备体验课程,再到课堂和其他同学一起解决疑问,教师在课堂集中解决学生体验VR课程过程中的各种疑惑。这样更增加了教师和学生在课堂的互动时间,让教师可以关注到每个学生对于知识点的不同掌握情况,进而从更深的层次方面调动学生的学习动机。

但是这两种教学模式的结合要求:(1)除了课堂之外,教师和学生都要先在课堂外使用VR设备上课;(2)有足够的VR课程,可以集中解决很多的教学知识点。第一点不难理解,学生和教师都需要使用VR设备。但是对于第二点,一定要求的是有足够多且符合教师教学安排和教学痛点的优秀VR内容才可以这样实施,否则很可能出现的情况是:学生仅仅用了几次VR设备进行学习后,内容进度无法跟上学习进度,造成翻转课堂内容无法衔接。而教师这样进行翻转课堂的意义也就不大了。

同样，未来可以有更多的教师参与到 VR 课程的设计和制作中，让学生在家中提前学习知识点，在课堂集中解决各种问题，教师便可以在课堂上有大量的时间针对每个孩子进行一对一的教学安排。

○ VR结合慕课

慕课是伴随着网络化开放学习的兴起而产生的，课程的范围广泛地涉及了各种科技学科和人文学科。从学习模式来看，慕课更接近于微课，是完整的教学模式，有参与、有反馈、有作业、有讨论、有完整的考核系统和证书。VR 也可以广泛应用到慕课这种教学模式。但是这样操作有一个前提就是 VR 课程必须跟现有的课程体系完整地结合起来，做到考核的综合性和全面性。同样，通过 VR 完整地修习课程之后，也能够得到相应的证书。可以想象一下，在不久的将来，一方面，我们可以通过 VR 技术结合慕课这种教学模式，充分利用每个人的碎片化时间，进行大规模的在线 VR 开放课程。同时，通过 VR 直播的形式进行在线讨论，并获得相应的学分和证书，而这种做法的重心可能是更多地偏向 VR 互动；另一方面，以现在的技术手段，也可以通过制作 VR 短视频或者是短课程，对应课程讨论、反馈、作业等环节，融合目前的慕课教学模式，这种模式更加偏向慕课。

○ VR结合电子书包

VR 可以是电子书包的一部分。电子书包可以包括手机、计算机、iPad 以及 VR 眼镜盒子或者 VR 一体机。一方面，我们可以把 VR 课程内容直接放入一体机中，满足教师对于不同教学安排下的不同需求；另一方面，当移动 VR 设备的技术更加完善、价格更合理时，比如一套完全适合学生使用、视野角度更大、完全无眩晕且更轻便的 VR 手机加高匹配度 VR 眼镜的教学设备在价格上变得更亲民时，学生就可以在需要使用 VR 进行学习的时候，将手机插入对应的眼镜盒子（很可能那个时候的 VR 手机与 VR 眼镜组合可以像我们佩戴的眼镜一样轻，重量忽略不计）；而在不需要使用 VR 的情况之下，直接通过使用手机就可以进行其他的教学任务安排，比如考试、观看电子图书等。或许有一天，当手机也可以做到大小随时调整，学生书包里的电子设备重量就又减轻了。至少基于目前的技术条件，完全可以把VR眼镜盒子或者是一体机直接包含在电子书包的范畴。

○ VR结合BYOD教学模式

VR跟BYOD教学模式的结合应该是最简单的，我国现在倡导BYOD教学模式也有一些先驱学校了。我接触过来自湘潭一中的一个非常出色的教师就很倡导这种教学模式。率先采用我们公司VR课程的回龙观育新学校，在整个学期选择的VR课程执行方案也是采取了BYOD这种教学模式。学校可以同意学生自带手机或者是iPad进行课堂教学。这样不仅大大地节约学校的开支，还可以有效地利用各种资源，让学生更快、更好地体验先进的教学理念和教学模式。通过学生自带手机直接结合VR眼镜盒子，学校可以非常容易地让学生使用VR课程来提高学生的学习乐趣和课堂的教学效率，而这也可以更好地实现教育公平（关于教育公平的讨论详见第五章）。

○ VR结合AI

在第二章我提到过，在教育领域，人工智能的实施包含了两个方面：一方面是人工智能课程，主要包括中小学信息技术必修课程中与人工智能相关的内容，以及人工智能选修课程；另一方面是人工智能在学科教学中的应用，及人工智能为学校的教育提供了丰富的教育资源和学习的教育测评方法。课堂教学中，目前的技术已经可以实现使用机器人进行一定的内容展示和对话问答（语音识别技术）。AI应用到语音识别、图像识别对现在的技术来说已经不再是难题。而下一步，可以在虚拟的环境中模拟出一个真实的人、真实的教师，让虚拟世界中的人物跟现实的学生发生交互，让学生在学习过程中感受更真实的世界，产生更深刻的情感互动等，都可以是VR跟AI可以很好结合的方面。

○ VR结合云课堂

云课堂是基于云计算科技的一种非常高效实施的远程教学课堂。通过互联网这种方式，云课堂可以高效地与全球各地的学生、教授、家长等用户分享各种文件，进行讨论、交流。云课堂可以引进 VR 直播技术，可以让学习者体验与全世界不同角落的人们齐聚一堂，去世界各地和来自不同国家的人们坐在一起听课，进行各种互动与交流。

○ VR结合亲子互动教学

众所周知，教学不应该局限在课堂教学本身。家长对孩子的言传身教有着非常重大的影响。在本书的第四章，我也提到了 VR 给家长带来很大的益处。亲子互动教学不仅可以让家长跟孩子多一点相处的时间，更多的是有效利用学生的碎片化时间来集中解决一些小问题。久而久之，这也会成为学生学习的一个重要部分。每天家长可以抽出一部分时间，跟孩子一起来体验 VR 内容，不再是单纯地看书本，而是跟孩子一起去"实际触碰"知识。VR 可以让家长和孩子带上 VR 头显后同时处于相同的空间中，一起探索知识的奥秘。

在未来

前面章节我提到的都是基于目前的技术手段和科研结合的方案，只是随着时间的推移，技术的进步使得 VR 和现有的教学模式结合可以做到更好、更高效。在未来，VR 会给教学带来各种颠覆性的改变。或许我在下面提到的某些模式，随着科技的不断进步与发展真的可以在几年内就能够实现。

○ VR将打破时间和空间的界限

VR 可以带着我们穿越时空，回到远古时代，跟恐龙一起探险；也可以带着我们回到封建王朝，坐上"九五之尊"才可以坐的龙椅，众臣朝拜，指点江山；还可以让我们体验鸟语花香，与世隔绝的桃花源……

○ 未来的VR教室

未来的 VR 教室，不论是到"现场"体验美国专家抑或是教授来给你一对一地授课，还是去听他们的 lecture（公开课），大家只要戴上 VR 头显设备，就好像跟其他同学一起在同一个空间内一起听课、一起讨论、到教室前做 presentation（展示）。来自不同的国家不同皮肤的人种都可以坐在"同一个空间"选修同一个教授的同一门课程，不用再漂洋过海，不用坐十几个小时的飞机，更不用花几十万元的生活住宿费……也同样可以拿到这些课程的学分和学历。即便是实际的考试，教师戴上 VR 头显就可以实时地看到每个学生考试的具体表现，大家当然也可以通过提交论文的方式获得学分。

○ 未来的VR教师

在家上课，结合 VR 已经是我们现在触手可及的教育模式了。但是，如果把老师变成你喜欢的样子，用你喜欢的方式去上课，这一定更加美妙。目前市面上，也有公司已经在尝试用某些明星的声音或者形象来讲解课程。以后可以结合大数据，不管是不是这个明星专门来录制，完全虚拟出一个这样的人，把对应的课程讲了，让偶像的力量牵动学生努力学习。

○ 未来的VR课程/学习内容

如果你不喜欢听老师在前面讲课，VR 可以带你到具体的知识里。比如，当语文老师讲《桃花源记》的时候，你可以身临其境地进入一个"桃花源"，跟村子里的"古人"对话，学他们样子说话、走路、行礼等。"古人"们会根据你跟他做出的交互方式，比如说出不同语句而做出相应的回答。在 VR 课程系统内，设定出所有我们可能出现的问答模式、交互方式，让我们真的觉得去上了一堂穿越到古代的语文课。

未来的学习可能已经不再需要实体的学校，学生只需要在一个安全宽敞的空间中，穿戴上特殊的虚拟现实头显和服装即可开始学习，这个头显可以让学生和老师同时完全进入一个虚拟的空间。而要完全实现这一情景，头盔需要能够完全模拟人类双眼所能看到的所有视场，拥有气味模拟、温度调控、气流变化模拟等功能，并且这个头盔可以实时扫描学生和老师的面部，这样在虚拟空间中就可以看到对方的样子和表情。而服装及带有肢体扫描功能的万向跑步机，则能够实现模拟走、跑、跳、躺、游、触摸和虚拟物体力反馈的功能。有了这套设备，学生不必再到学校上课即可学习各种知识，教师只需要在上课时将提前准备好的"课程数据"远程发送给学生，就可以带着学生畅游世界各地、潜入深海、飞向宇宙。

○ 未来的电子书包与VR

电子书包的理想状态是，每个学生在学习、作业、考试等教学场景下，仅仅用一部手机就可以完全实现。学生在课堂教学需要进入一个特殊环境时，只需将手机放入特制的VR眼镜中就可以和老师一起遨游虚拟世界，学习各种各样的新鲜知识，在那里每个人都有一个自己的虚拟角色可以和场景互动。比如，当教师在讲解宇宙星空的时候，大家都可以"看到"同样的宇宙空间。老师可以随手拖拽过来一个星球，把星球前后移动、放大、缩小、左右旋转。在需要进行阅读时，学生将手机插入课桌上的数据接口处后，眼前的电子墨水板就会显示出相关内容和图片（为保护学生视力，材质近乎于纸质），就可以开始进行阅读。而在写作业和复习的时候，手机会根据学生的水平及知识要点的难易对题库进行调整，让学生作答的时候循序渐进地加大难度，并将内容投影到桌面上。教师只需要在课上和课后通过网络将需要的课程内容发送给学生即可。

○ 未来的AI与VR

对于未来的AI与VR结合，这里提到的是和科幻电影中的人工智能相似的，可以自主分析情况，拥有逻辑思维能力的电了大脑，而不是现在我们接触的只可以对特定问题给予编辑好的特定答案，但没有标准解答时就无法解答的答复机。因为在未来的生活中，人们可能更多是被网络聚集在一起的，人们需要通过人工智能助手来处理他们遇到的各种各样的问题，在那时我们不需要一台根据指令顺序来做出应对的机器,而是可以根据实际情况给予建议的帮手。在学生的学习方面对人工智能的需要将会是更为先进的"AI教师"来解决,它们可以根据学生的身心情况、兴趣爱好、能力层次、需求等方面进行分析,给出具有逻辑性的教学安排,给予学生最需要的向导。见图9-1所示,对于学生来说它既是一名严格的老师,又是一位耐心的朋友。

图 9-1　人工智能机器人在教人下棋

第二节　教学改革——以 VR 的视角谈教改

○ 基础教育课程改革的国际背景

面临着知识经济、信息化和全球化的影响和冲击,知识成为经济发展的基础和经济增长的驱动力,拥有先进技术和最新的知识,尤其是拥有知识创新能力的人就显得更加重要。信息技术为人们提供了学习的手段和方式。信息化社会的来临,给教育带来了新的挑战。

首先,新技术改变了学习者的行为方式,学习过程不再是单纯的记忆过程,而是一种信息处理的过程。

其次，学习者处理信息的能力更加重要，而学习者应该具有恰当地选择信息、主动获取信息和采集、加工等处理信息的基本能力。

最后，教育要能为学习者提供平等的信息化环境，使终身教育成为可能。

基础教育课程改革的国内背景是：1.顺应国际课程改革大趋势的客观必然；2.积极推进素质教育的需要。

教育改革的核心依旧是课程

我国新一轮基础教育课程改革进程经历了以下四个阶段。

第一，酝酿准备阶段（1999—2001年）。

第二，试点试验阶段（2001—2004年）。

第三，全面推广实施阶段（2005—2010年）。

第四，2011版新修订的课程标准于2012年秋开始执行。

新课程改革的核心理念

新课程改革的核心理念是教育以人为本，即"一切为了每一位学生的发展"，具体体现在以下几个方面。

第一，关注每一个学生。

第二，关注学生的情绪变化和情感体验。

第三，关注学生的生活和人格养成。

新课程改革的目标

1. 新课程改革的指导思想

新课程改革的指导思想是：基础教育要以邓小平同志的关于"教育要面向现代化、面向世界、面向未来"和江泽民同志的"三个代表"重要思想为指导，全面贯彻党的教育方针，全面推进素质教育。

2. 新课程改革的具体目标

《基础教育课程改革纲要（试行）》不仅提出了新课程的培养目标，而且提出了本次基础教育课程改革的 6 个具体目标。

（1）转变课程功能。

（2）优化课程结构。

（3）更新课程内容。

（4）转变学习方式。

（5）改革考试评价。

（6）改革课程管理体系

这 6 个目标是基础教育课程改革的基本目标，也是课程改革的核心内容。

综上，教学改革的核心在于课程改革，而课程改革的核心是通过新的学习方式、考试评价方式、课程管理体系来综合地提高每一个学生的综合能力，关心每一个学生的情感体验与性格的养成。新的科技带给教学的变革是让教师通过最新的技术手段，把握每一个学生在学习过程中的细微的情感变化，让他们从根本上理解教师的教学内容，促进他们的各种综合能力的培养，同时密切关注每个学生在学习各个环节产生的情感变化，进而培养学生形成良好的性格和人格，影响他们的一生。

○ 当前教育存在的一些问题

学者余文森在《关于教学改革的原点思考》一文中提出，目前教学存在的突出问题是"作为工具、媒介、手段、材料的知识反倒变成了教学的目的，知识被绝对化、神圣化了，而能力和素养却被弱化、被边缘化了，有知识没能力缺素养就成为我们教学最突出最致命的问题。教学被窄化为知识教学，而知识则被窄化为信息、符号、结论、标准、解题技能、考试工具，智慧和人性被知识及其教学所剥离、所排斥、所抛弃，教学过程走向形式化、浅层化、庸俗化、非人化"。

○ 教育改革面临的困难和挑战

南京师范大学教育社会研究中心的吴康宁在《中国教育改革为什么会这么难》一文中提出了我国教育尤其是基础教育面临改革所遇到的困难，以及导致这些困难的原因。现将其中一些原因总结如下所述。

1. 来自各方的"利益"制约

新的教育理念势必会造成原有的"利益链"被打破。这包括：靠应试教育为生的相关考试机构人员、相关教研人员，以及靠垄断教材出版发行牟利的相关出版商等；地方教育行政部门领导，学校领导等多方面人员。相应的改革，需要教育体系自上而下在理念方面的转变和执行。

2. "文化阻滞"

一线教育工作者们的文化观念及相应行为习惯普遍不能适应改革文件提出的相应要求。对于很多一线教师来说，改变自己已经形成的某些文化观念以及熟悉的教学方法与策略是非常大的挑战。最后导致的是，在很多地区的教学中出现"文件归文件，实践归实践"的结果。

3. 来自官方与民间、中央与地方、城乡发展之间的差距

教育改革要求官方在财力、物力及人力方面的大量重要资源，同时需要包括学生的要求、教师的需求、校长的呼声、家长的希望、社会用人单位的期待等多方面配合。官方下达了政策，但是到了地方，城市和乡村由于经济、硬件、地域等的区别，执行力度也千差万别。

我在第八章也提到了 VR 进入学校面临的各方面的挑战。VR 作为一种新的技术，如果要进入所有的课堂教学环节中，势必会是教学改革的一部分。除了上面提到的困难之外，VR 进入学校还面临着更多的顾虑和挑战（详见第八章第一节）。

以科技的角度看教学改革

尽管新的技术（不只是 VR）在进入教学环节，都会面临很大的挑战，但是随着时代的发展，科技的进步，全球化的趋势，先进的科技势必会进入教学环节并对现有的教学形式带来变革。

新科技给教学带来的便利

新的科技给教学带来了巨大的便利：电子白板取代传统黑板，一方面减少粉尘对教师的身体带来的危害，另一方面电子白板可以直接显示 PPT 的教学内容且可以进行自由触摸；人工智能可以替代教师来讲述基础的古诗和知

识点，跟学生进行各种语音交互，教师可以省去很多重复的讲解；大数据的应用让教师出题和判卷不再是困难；慕课、云课堂让人们可以突破时空的界限，利用碎片化时间进行学习，进而促进了终身学习的模式；AR技术可以让课堂书本里的小动物们"活"起来，增添了幼儿课堂学习的乐趣……

新科技给我们带来的好处太多，这是时代进步的标志，是推动人类社会的动力。

新科技给课程和教学内容带来的变革

新的科技势必会给课程和教学内容带来变化。单从信息技术这门课程来说，在我小的时候，也就是20年前，是没有这门课程的。只是有"微机课"，也就是计算机课，我们上课使用的是586计算机，据说还是"高端"的计算机设备了。上课的时候，老师主要教我们练习指法和五笔打字。而从操作方式上，我到现在都记得开计算机的流程是微机老师从头到尾不断重复的"先插磁盘后开机"，这里说的磁盘指的是3.5英寸软盘。而能够上"微机课"的学校屈指可数，因为我们的小学是重点学校，响应"邓爷爷的号召，从娃娃抓起"，才能够给我们提供这样的课程资源。而当今的小学信息技术就大不相同了。首先，这门课程在小学的普及率大大提升；其次从内容角度上，教学生就不能只是指法和五笔打字了，还有很多新的内容，包括现在很多软件、APP的使用方法等。现在使用的存储设备方面，早已经不是3.5英寸软盘了，取而代之的是各种超大容量的优盘、硬盘、云盘……

信息技术课程的教师，都会讲到计算机的发展史，但是不管发展到什么阶段，现阶段的应用才是重点。与时俱进的应用必然发生变化，学生对应学到的内容也要实时更新。

其他课程也是如此。在我上小学的时候是没有英语课的，英语课是初一才从ABCD开始讲起。然而现在很多学生都是从幼儿园就开始接受双语教学了。如果到了小学，学得课程跟幼儿园没有区别，不仅浪费了学生最宝贵的学习时间，而且学生对课程的新鲜感也荡然无存了。所以教学大纲、学生的生词量等知识点方面都要一直做调整。

如今，在很多大城市，3D打印课程对于我国的很多小学已经不再陌生。那么让学生学习3D打印课程的素材都有哪些呢？这也要结合现阶段小学生在识物等方面的认知水平。比如，前段时间我听到的一个项目路演提供的 3D 打印课程结合了《草船借箭》这篇课文就非常好。那么除了《草船借箭》，肯定还要有跟这个话题相关或者相近的体系化内容，让学生不仅学会通过 3D 打印技术打印出实物，还要拓展他们的相关知识。这个知识的设计，一方面要依托于教材，属于学生的认知范围之内；另一方面又不能完全跟教材重复，否则讲起来就没有新鲜感，进而学生就没有了学习动力。

新科技对教学工具、教学模式、教学策略等多方面带来的变革

曾经的课堂教具仅仅是黑板、粉笔，后来相继加入了幻灯片、PPT、iPad、电子白板等工具，现在还有 VR 眼镜设备。在本书第二章我就提到过，教学模式是不断发生变化的，创新的教学模式层出不穷。随着计算机、网络等技术方面的普及，教学模式发生了巨大的变化。微课、翻转课堂已经不再是新词了。近几年 3D 打印课、无人机，对学生来说已经完全不陌生。创客教育，让学生自己动手制作内容也是一个新的发展方向。不仅在教学模式方面，教师的教学策略也要发生变化。单纯地选取一种教学方法已经不能够满足学生接触新知识的速度和课堂的教学需求，教师要从多方面综合学生的认知能力和情感变化等来不断变换教学策略。

○ VR 可以给教育带来的巨大变革

本书的第四章已经从多方面分析了 VR 带给学校、家长、教师、学生的益处，而从教育体制本身，它也可以更好地促进教育公平。从教学模式来说，结合 VR 直播技术，VR 可以进一步开拓翻转课堂、云课堂、慕课以及终身教育等教学模式的新方向，给一些新型教学模式带来更新鲜的血液。结合 VR 直播技术的慕课可以更加真实地考核学生的课程参与度，让学生更好地参与到"课堂"讨论中；结合 VR 技术的翻转课堂，可以让学生更有效地利用课外时间学习、探索知识点，让教师可以在课堂上有更多的时间关注每一个学生的学习状态，关注学生学习过程中的情感变化，促进新课程改革的实施（关注学生的情绪生活和情感体验，见本节课程改革部分）；结合 VR 的亲子互动教学，会给家长和孩子更多的互动时间和互动乐趣……

从教学形式来说，教师通过采用先进的 VR 课程，可以大大地节约课堂重复知识点学习的时间，有效地提高教师课堂教学效率。课堂不再是教师为主体，而更多的是让学生主动探索，教师在课堂教学环节主要起到的是监督、答疑、解惑等作用。课堂是发展学生个性化学习和深度学习的场所，教师可以充分调动学生的课堂参与度。这样，学生将不会再过分依赖课外补习，一方面大幅度减轻家长们的经济负担，另一方面还可以让学生有更充足的课外时间进行自己喜欢的课外活动。

因此，对于学校而言不论是结合 BYOD 教学模式，还是采用成本更高的一体机方案，甚至是 VR 空间定位的解决方案，都可以更好地推进教学改革，让技术真正地为教学服务，为教师服务，更为学生所用。

第三节 科技教育之路任重而道远

21 世纪的今天，科技的发展日新月异，中国的教育事业也紧随着科技的进入而蓬勃发展。但是在现今的教育环境下，由于各种各样的问题，使得科技教育的推进举步维艰。

（一）校园内的影响

每一种新科技的兴起都会是促进教育发展的契机。在我小时候老师第一次使用投影仪上课时，我还依稀记得当时好奇的心情，看到老师手中透明纸片上的画面被放大后投影到讲台前的幕布上，我特别想知道图片是通过什么方法"变大"的。可在当时投影仪也不是每个班级都配备的器械，每次上有投影的课程，老师总是很辛苦地把设备从设备室或者别的班级中搬到我们教室里，而且明令禁止任何学生触碰它。后来学校里逐渐配备了计算机教室，而这些教室却又总是那么的神秘，常年被大铁门锁住，只有高年级的学生可以进去学习。因为在当时购置一台计算机的费用很高，所以有条件配备计算机的学校都要严密地将其保护起来。对普通家庭来说，买计算机更是一笔巨款，所以我们当时都特别期待可以去上计算机课。可是等到我们可以上课的时候，因为课程课时与升学考试等原因，我们只在计算机教室上了几次课。

渐渐地，投影仪与计算机课普及到了中小学，使得此类硬件配备成了常态化，接着就是电视及播放设备进入了班级里，可是它们的使用相对于投影仪等设备频率更低。因为在当时没有相关的视频课程教材供教室使用，老教师对新科技的接受程度较差，甚至他们几乎就不会使用这些设备（我国的教师职业多为女性，而女性对于电子科技产品大多没有研究及使用兴趣），这就导致了很多设备仅仅只是摆设。再有就是教学考核制度制约。我记得在我们班级为数不多的电视使用情况中，有一次学校新来的年轻老师兴致勃勃地为我们带来一部动画电影的"原声"录影带在课堂中为我们播放，可能是我们发出的惊呼声过大与电视中播放出的音频内容被校领导认为不适宜，导致了学校的教导主任对当时的任课老师以乱用设备、扰乱学校秩序等理由进行了处罚，致使我们学校从此以后需要向教导处提出申请并提交教学内容，经过审批后才可以使用媒体设备。这些限制条件会渐渐地磨灭一些有理想、有情怀、有激情的年轻教师的心气。而老教师本身对科技设备的使用就存在抵触情绪，他们已经在自己的教学生涯中整理出了一套教学流程，新科学技术的加入势必会打破他们的传统教学模式，也会让他们花费大量的时间去学习和接受新的技术，这也使得技术在当时推进成为难点。

在老师使用计算机教学已经成为常态的现在，老师们最常用的方法就是 PPT 教学。可是在推行 PPT 教学的初期，让一众元老级的老师从学习使用计算机开始到熟练地掌握计算机的应用，再到教学内容的编排和从美观的角度设计 PPT，这无疑是一个艰难的过程。只有通过对新兴事物有探索精神的年轻教师进行有益带动，来帮助和促进老教师对新型科技教学方法的使用。

而新兴科技到底对学生学习有多大的影响，也是学校对于科技应用到教育中的重要考量标准。因为新科技产品的开发方向：一是人类对工作效率的需求；二是对娱乐产业的改变；三是对教育环境的改变，所以在校方的观点中，都是要以审视的眼光看待新科技对教育的有效性。如果纯粹以学生角度看待科技，他们一定不会排斥新科技的应用，但如果科技仅仅只是好玩，对他们的学习成果没有任何有益处的影响，那么最终只会沦为玩具。如果新科技在教学中使用时与传统教学模式没有太大的差别，那么学生一定会想尽一切办法去发觉科技产品中一切可以"玩"的点。

综上所述,科技产品要受到学校的认可,需要做到让教师认可,如操作方便、易于掌握;让学生认可,如不流于形式、有效调动学习动机;让学校认可,如有实际教学成绩、可应用于各个学科。只有做到以上三个方面,才有可能被校园所接受。

(二)纷乱的市场

在新科技产品诞生的时候,一定会有很多跟随风向而动的公司对科技产品或可盈利的方向进行研发或效仿,这在一定程度上会造成市场上充斥着五花八门的同类产品。这种现象可以有效地推动新科技的蓬勃发展,但它会对该科技造成很大程度上的负面影响,使得新科技在市场中出现叫好不叫座的现象。

投机者,这个词我想大家并不陌生,在改革开放的初期他们就已经存在了,从当时"倒爷"到现在的"山寨",市场的各处都充斥着他们的身影。在新科技出现的风口,一些公司看到新科技产品市场的可观前景,主动投身到对该科技的良性竞争中,在推进科技发展的同时贡献着自己的力量。比如智能手机的发展,1993 年出现 IBM 的 Simon。小范围扩散当然是 1999 年年末的摩托罗拉 A6188。进一步出现的赛班系统和 wince 系统使智能机开始流行,当安卓系统和苹果手机出现后,智能手机才被广泛使用。这就是在良性的市场竞争环境下,对科技产品发展的有力推进作用。现在智能手机已经成为我们生活中必不可少的工具。

但不管什么样的发展历程都存在黑暗且龌龊的一面。就如一些投机公司是借助该种科技产品在社会中的影响力,以及大众对科技产品的好奇心与对该技术的不熟悉等因素,迅速地产出一些低价且品质低下的产品进行大肆兜售。不明真相的用户在科技发展的前期阶段,往往只会被夸大的效果与低廉的价格所吸引而购买产品,从而导致新兴科技的发展进程受到了阻碍。就如同在安卓和苹果手机被消费者广泛认同时出现了大量的外观相似、功能相似、界面相似、商标相似的手机,但它们的价格只是正牌手机的 1/3 或者 1/5。在实际使用过程中,这些劣质手机频频出现问题,甚至威胁到了使用者的生命及财产安全。这样的行为严重地扰乱了正常的市场及科技发展,也导致使用者对科技产品产生了深深的疑惑。

同样软件市场也存在着一样的问题，当一个好的内容产品出现时就会惊现大量的抄袭、模仿、盗版产品，甚至更加肆无忌惮。好的教育产品都不得不被"很好"地保护起来，无法被广泛认知及应用。没有真正有效的办法保护自己产品不会被剽窃和抄袭，这就是现有国内市场情况的悲哀。反观境外市场则是一幅欣欣向荣的景象，新的产品从出现、得到市场验证到大范围的应用都不会被"抄袭"，一方面是完善的司法系统对知识产权的严密保护，另一方面则是社会价值观的直接映射。在境外，人们认为创新是光荣的、受人尊重的、令人自豪的，他们以超越前人的成绩为目标。这就是为什么很多公司有了新的成效后，都会考虑在国外发展，或在国外进行前期的市场验证。而这就是国内市场的悲哀。

所以从上面两个方面不难看出，科技教育的道路还很长。我们需要从国家层面的保护开始，做到完全意义上的版权保护；在社会层面上遏制抄袭，让自主创新成为风气；在学校中让新兴科技不落伍，不让科技教育成为一句空话。

○ 结语

对于VR应用到课堂教学，这仅仅是我通过一个学期为数不是很多的教学实践，而运用的教学方法和教学模式等方面需要改进和提高。在接下来的教学过程和教学推广过程中，我将结合更多的教学模式，而且要综合更多教师的教学实践来验证VR给教育带来的巨大变革。科技给教学带来的改变永远不会停止。作为VR教育行业一个初创团队的创始人，我身上肩负的不仅仅是公司的发展与方向，还有实现科技教育事业促进教学改革的梦想。希望读完这本书后，有更多的精英、专家参与到这个事业中，让更多的学校、教师通过VR来实现更公平、更高效、更快乐的课堂教学；让学生学得主动、开心、快乐。距离本书中最后一章所畅想的未来教育模式，也许还有很长的距离要走，但是我将带领我的团队，在这条路上付出我们的辛劳、汗水，为我们国家实现更美好、更公平、更快乐的教育事业添砖加瓦。

附录
行业媒体对本书作者的专访

以爱驱动的VR教育：专访爱徒科技CEO杜颖

913VR 行业媒体

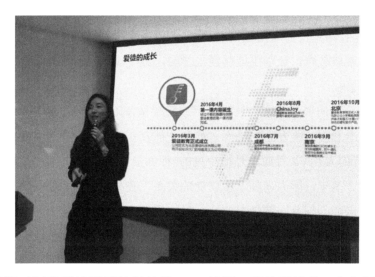

前段时间我采访了爱徒科技的CEO杜颖。爱徒科技是一家年轻的VR创业公司，成立于2016年3月，主要聚焦VR教育业务。2016年10月，爱徒科技开发的VR课程正式入驻北京某公立小学的常规课程。在短短半年时间里，爱徒科技是如何实现从零到一的飞跃，作为一名创业者杜颖又是如何看待VR教育的前景，带着这些问题，我和杜颖一起聊了聊她的VR教育事业。

○ 多年的教学和商务经验成就了我们的快速成长

杜颖原来是北京语言大学的老师，有着丰富的英语教学和翻译经验，

2015年进入VR行业从事商务相关工作。多年当老师的经历，让杜颖对教育充满了热爱。接触VR之后，她认为VR所带来的沉浸感体验非常适合激发学生的求知欲和探索精神，2016年年初，杜颖于是决定开始进行VR教育方面的创业。

杜颖告诉我，目前爱徒科技最大的成绩就是真正把VR课程带进了公立小学。"相比之前我们在很多学校只能给学生上一堂demo课，我们现在做到了一周一节的常规VR课程。能取得这样的好成绩，一方面是因为我们的内容确实很吸引学生，不仅受到学生的好评，还受到校方领导的好评，只有优质的课程内容才能够真正抓住学生和老师的心。另一方面，也是因为我有着多年商务和教学资源方面的积累，不然我们也没办法这么快地进入学校，包括现在有很多学校找到我们，我们现在也在申报一些学校明年的项目。当然，我们现在离真正的成功还很远，我们希望未来所有学校都能用上VR教育，真正做到素质教育，让学生能够爱上学习，改变现在老师照本宣科、学生被动学习的情况。"

对于公司的快速发展，杜颖表示，想要做VR教育，创始团队最好能同时具备教育和VR两方面的基因，如此才能真正把VR和教育很好地结合在一起。这样的人在VR行业里是很少见的，而她恰好是属于这种类型的创始人。"工作这么多年，因为老师这个职业的关系，我一直都在保持学习的状态。我觉得做老师必须有一颗学习的心，对知识的方方面面都要有一点点研究，之后我能够很快适应商务方面的工作，也是因为我有比较多商务翻译的经验。可以说学习的心态和多年的积累决定了我们可以在这么短时间内把VR教育这件事落地。"

○ 我们的课程是一种结合英语的融合课

了解了爱徒科技如何创立以及取得的成绩后，我请杜颖介绍一下他们的课程到底是什么样的内容。杜颖说："因为我是英语老师出身，最开始我们做的是英语课，其实语言是认识世界的一个工具，所以我们把课程定义为《VR English+》，也就是说用英语去结合其他各门学科，这是一种融合课的思路。其实北京这边是很倡导融合课程的，很多时候知识不是独立存在的，尤其是针对小朋友的知识。你看现在的小朋友懂得很多知识，这是因为在之前无论是家长还是幼儿园，都给小朋友渗透了许多课外的知识，而我们也并不希望传授割裂的知识，我们希望将知识综合在一起，拓展学生的知识面，培养他们的综合能力。具体来说，我们在小学结合了一些科学课，这些科学课有点类似于我们小时候上的自然课，包括地理、生物等一些很基础的科学知识。学生在吸收这些知识的同时还可以把关键的单词记住，而这些单词是符合小学各年级教学大纲要求的内容。"

我听到这里非常兴奋，因为我之前读过一本书叫作《如何高效学习》，里面的一个重要观点就是不要把知识割裂开来，比如物理和化学看似是两门单独的学科，其实两者有着内在的联系。杜颖进一步说道："你看国外的一些五六年级的小学生就可以写论文，是因为他们接触了很多知识，然后通过积累和综合，就可以形成自己的结论。你一定要相信小朋友是有着非常大的潜力可以让我们去调动的，而且在这个关键时期如果你把他们的潜能调动出来，这远比他们背很多概念和公式要重要得多。"对此我深表认同。

关于为什么选择小学作为VR教育的落地，杜颖表示还是以市场说话。"本来我是大学老师，我自己带班上课的是大学生，所以我们最开始做的demo也是针对大学生的。后来我们发现，大学生在学习中以目标为导向的心态更重，比如说一个大学生要考托福，你给他一本单词书，他真的能背得下去。相对来说，小朋友在学习中的探索欲更强，而VR正好是让你自己去探索，去主动发现，在这方面对于小朋友的驱使是更强的。还有一点就是小学生是没有太多升学压力的，在童年阶段让他们在接触知识的同时获得快乐更加重要，所以寓教于乐这件事情真的是从小做起比较好。综合几个方面考虑，我们决定还是先从小学做起，而且我们在VR和AR内容上都有布局，当然后面我们也有计划会扩展到中学和大学。"

在具体的课程内容方面，爱徒科技会自己开发一些VR课程，也会结合校方的需求做一些定制内容的开发。对此杜颖说："你也知道，开发VR课程，每一分钟所耗费的成本都是巨大的，从建模到动画再到特效，包括周边策划和之后的一些沟通，如果我们做什么事情都只是凭想法，然后自己去试，可能你做了一年也没有满意的成品。所以在此之前我把整个小学教材从头到尾研究了一遍，包括里面的课文我都会仔细去看，这样就可以保证我们课程制作的速度非常快，而且我们省去了很多之后修改的工作量。无论是校方要求我们的定制内容，还是我们自己的课程，都要求我们对内容有一个核心的把控。你的课程设计一定要非常细致，这就要求你既懂教育又懂VR，而这两件事情非常懂的人在VR行业是很少的，所以我特别相信自己可以把这件事做好。"

○ 我们的愿景是用优质的课程内容让所有学生获得公平的教育

对于公司的发展，杜颖表示："我们的公司现在需要做的就是快速打开市场，树立自己的品牌，包括我们现在已经启动了pre-A轮融资。我们希望能把学生和学校都认可的内容更快地生产出来，把整个VR教育市场做起来，我们相信VR行业应用可以撬动整个行业的大发展。"

当我问到爱徒科技的愿景时，杜颖先给我举了一个例子。"我之前帮助很多人纠正过英语方面的发音错误。很多学生都对我说，老师，我要是早认识你就好了。像在北京这样的大城市，很多学生都可以接受比较正规的教育，而在更广大的偏远地区，更多学生没有能接受到很正规的教育。所以我们爱徒有一个愿景，那就是随着技术和硬件的普及，我们会推出C端的内容，到时候不管是在哪里的学生，都可以通过几百块钱的手机加上几十块钱的VR眼镜，获得我们高质量的VR课程。我们希望通过我们的课程真正帮助人们爱上学习，激发他们的学习热情和潜能，让每一个孩子都能公平地接受良好的教育。"

○ 不忘初心，方得始终

交流到最后，我有点儿小感动。我们看到过去很多伟大的公司，它们之所以伟大，往往就是因为它们的使命就很伟大。我相信杜颖这份源于一名师者的初衷，能够带领爱徒科技走向一个光明的未来。同时，我也非常看好VR教育的前景，在这里祝福爱徒科技能够一路狂奔，勇往直前。

爱徒科技杜颖：为什么我的VR教育课程可以被纳入公立学校常规课？

极AR媒体

科技神剧《黑镜》迎来了第三季，这部剧中渗透的VR/AR黑科技，让剧中人们的生活异彩纷呈，同样，这部脑洞大开的科技神剧也为我们演绎了VR和AR在未来的种种可能。如果没有《黑镜》，没有VR的初体验，她也许还在大学教书，或许现在已经是一名女博士了。

一切改变，源自与VR的邂逅。

在美国CES上，与《愤怒的小鸟》创始人Peter的对话，坚定了她创业的决心。Peter认为中国的教育，重"教"而轻"育"，而VR独特的展现形式，可以巧妙地与知识点结合，达到更有效的"育"。

于是，爱徒科技成立了，这是一家专注于VR教育内容研发的公司。

她，就是杜颖，爱徒科技CEO。

○ VR教育落地，实现从零到一的突破

"不是处女座，而是白羊座，对自己要求很高，完美主义者，热爱挑战"，这是杜颖对自己的评价。也正是高标准严要求，富有挑战精神的大胆创新，让爱徒科技研发的 VR 教育课程《English+》被纳入北京昌平区某公立小学的常规课程中，实现了从零到一的突破。作为 CEO，杜颖有着 10 年的一线教学经验。那么，爱徒科技的 VR 教育课程《English+》有哪些特点呢？

第一，符合学校教学规划和教师使用习惯。课堂教学是会被分割成几个部分的，老师通过不同的方式来讲解，不同的方式会从不同角度、不同感官来引导学生学习和理解。爱徒科技《English+》包含完整的 18 周教学大纲和教案，配合 K12 教材设计，满足学校的要求，符合老师的使用习惯。

第二，VR 课程与传统课程不能是竞争关系。VR 不能替代传统课程，更不能替代老师，而是助力，有效提高课堂教学效率。老师的引导作用是任何方式都无法取代的，课堂上一定需要有一位老师。实际上，目前很多 VR 教育仍然是以"录课"的形式出现的，这种形式更适合自学者，因此，这种"录课"的形式很难被传统学校接受。读书的时候，老师经常说："书都贴到你脸上了，为什么还是记不住？"那是因为，"书"，真的不够吸引人。现如今，"贴到脸上"的是 VR，《English+》将 VR 和教学合理结合，更生动，更有趣，学生既好奇又新鲜，激发探索欲，注意力集中，学习效果就更明显。

○ 做有用的VR教育产品，真正满足学校的需求

如果说为什么现在 VR 技术还没有在教育行业出现大规模的应用，究其原因，是学校还没有找到更适合的 VR 专业课程。杜颖深知独木难支、孤木不成林的道理，她希望分享爱徒的成功经验，与行业同人一起推动 VR 教育的发展。

经验一：做适合 VR，也适合教学的产品

杜颖：这要归功于我多年的一线教学经验，我知道什么样的辅助手段可

以有效地帮助学生理解和掌握知识点。VR内容要如何展现并不是简简单单的技术问题，作为老师，我很清楚我需要一个什么样的VR课件，所以我们的产品可以得到学校的肯定。

经验二：做老师和学生都可以接受的产品

杜颖：对于老师，只要是可以有效地提高教学质量的方法，他们一定是愿意尝试的。同时，我们用最简单的VR载体，如眼镜盒子或一体机，学校老师不需要更多的学习成本即可使用。对于学生，科技带来的感官体验，远比书本更有趣。在本次合作的小学公开课上，来自高年级和低年级的两组学生参加了我们的课程，在课程结束后，我们进行了测试。

1. VR授课内容方面，学生掌握的知识内容全都在90%以上。
2. VR授课方式接受度方面，学生100%喜欢。

正因为得到这样的结果，校领导现场就决定要引进我们的课程。

经验三：规范工作流程，提高制作效率

杜颖：学校的需求是多元化的，因为学校有不同的年级，不同的学科，这就要求团队有持续的高质高量高速的内容研发能力。工作流程和习惯非常重要，我们在规划课件的时候，会想得很周全，从实际教学角度出发，脚本写得非常细致，这样对于技术人员来说，制作起来会非常明确，速度也会更快，大量减少了后期的返工和修改。

经验四：创新性地主动解决实际教学痛点

杜颖：这里讲的创新是为了能够真正解决实际教学中遇到的问题而主动提出解决方案。举个例子，老师在讲解诗词和散文的时候，声情并茂地描述，很多时候自己可以感动到哭，而学生大多一脸茫然，完全无动于衷。很多老师选择使用图片或视频来引导学生理解，然而收效甚微。如何能够让学生身临其境，感同身受？VR独有的沉浸式体验，可以很好地解决这个问题。爱徒科技创造性地挑战了水墨风格的VR诗词，见下图，不仅要登录国内VR线上平台，还要推向海外市场，不仅可以帮助学生更好地掌握知识点，更可以弘扬中国文化，传承国粹。

爱徒科技 VR 教育课件水墨系列 S

爱徒科技成立于 2016 年 3 月，目前团队共 10 人。在员工看来，杜颖是个很好的老师，她引导员工养成高效的工作方式，有效利用时间，提高效率，而不是让大家盲目地加班。"教书育人"是老师的职责，离开了讲台，杜颖依然是一位老师，正如爱徒科技的名字，爱自己的每一位学生，不忘初衷。对于爱徒科技的未来，杜颖做了很翔实的计划。目前爱徒科技正在启动 pre A 轮融资，更多元化的 VR 教学课件和面向 C 端的产品也已经策划完成，一切正在有条不紊地进行。

参考文献

[1] 朱祖祥. 人类工效学 [M]. 杭州：浙江教育出版社，1994：86-95.

[2] 周前祥，姜国华，曲战胜，等. 虚拟环境中最佳观察视场角的实验研究 [J]. 人类工效学，2002，8（2）：11-15.

[3] 2016 年 VR+ 旅游产业分析报告，2016（6）：1-4.

[4] 中央教育科学研究所比较教育研究室. 简明国际教育百科全书·教学（下）[M]. 北京：教育科学出版社，1990：233-240.

[5] 袁凤琴等. 教育学 [M]，北京：北京师范大学出版集团，北京师范大学出版社. 2015：295-299.

[6] 周洪宇. 中国教育黄皮书——长江教育研究院 2015 年度教育报告 [M]. 武汉：湖北教育出版社，2015：1-10，147，207，210-211.

[7] 全国十二所重点师范大学联合编写. 教育学基础 [M]. 北京：教育科学出版社. 2011：206-212.

[8] 冯智慧，郑晓丹. 微课新界定：从技术开发迈向有效设计 [J]. 数字教育，2015（4）：56-60.

[9] 沈书生，刘强，谢同样. 一种基于电子书包的翻转课堂教学模式 [J]. 2013（12）：107-109.

[10] 王斐. 人工智能在中学教育教学中的应用现状分析 [J]. 中国医学教育技术，2013（8）：397-399.

[11] 王小菊. 浅议电子书包存在的利弊 [J]. 网友世界·云教育，2013（Z2）：31-31.

[12] 尹达. "慕课现象"的本质阐释、现实反思与未来展望. 网络教育与远程教育 [J]. 2015（5）：59-61.

[13] 吴永和，祝智庭，何超. 电子课本与电子书包技术标准体系框架的研究 [J]. 华东师范大学学报（自然科学版），2012（2）：71-71.

[14] 福州市《关于促进VR产业加快发展的十条措施》第四项第三条.

[15] 南昌市《关于加快VR/AR产业发展的若干政策（试行）》第一章第二条.

[16] 重庆市《关于加快推进虚拟现实产业发展的工作意见》第一项第（三）条.

[17] 北京石景山《关于促进中关村虚拟现实产业创新发展的若干措施》第二项第（四）、（五）、（六）条.

[18] 智研咨询.《2016—2022年中国教育培训行业市场运营态势及发展前景预测报告》[EB/OL].中国产业信息网，2016.

[19] 国家发展改革委办公厅.《关于请组织申报"互联网+"领域创新能力建设专项的通知》[EB/OL].北京：中华人民共和国国家发展和改革委员会官网，2016.

[20] 长沙市政府.《长沙规划打造中国虚拟现实之都》[EB/OL].长沙：长沙市政府门户网站，2016.

[21] 黄碧华.小学英语有效情境教学"三步曲"[J].山东师范大学外国语学院学报，2014（3）：86-89.

[22] 黄维维.情境教学对提高小学语文课堂教学有效性的影响[J].中外企业文化旬刊，2014（9）：82-82.

[23] 熊丙奇.教育公平 让教育回归本质[M].上海：华东师范大学出版社，2014：1-27，31，165-204.

[24] 高靓."微学位"袭来，大学如何应对？[N].中国教育报，2012-11-21.

[25] 杨秀花.北京市中小学择校问题研究[D].中国农业大学，2005.

[26] 边玉芳，李白璐.教育心理学[M].杭州：浙江教育出版社，浙江出版联合集团，2015：79-81.

[27] 范红，刘建，费爱心.教育学[M].北京：首都师范大学出版社.2016：114-116，131-135.

[28] 张大均.教育心理学[M].北京：人民大学出版社.2015：140-143，143-155.

[29] 屈文霞.融合课程：打破学科壁垒的课程创生[J].中小学管理，2016（10）：20-20.

[30] 叶林玉.浅谈小学生批判性思维的培养[J].课改纵横 能力培养.2008（9）：106.

[31] 刘凌芳.浅谈如何培养小学生的批判性思维[J].福建教学研究，2012（12）：12-13.

[32] 王誉.小学语文课程中创造力、批判性思维及解决问题浅析[J].现代教育科学，2014（4）：124-125.

[33] 范斌.浅谈中小学生批判性思维的培养[J].基础教育研究，2009（17）：26-26.

[34] 檀传宝.为幸福而教——教育长短论[M].上海：华东师范大学出版社，2015.

[35] [日]佐藤学.教育方法学[M].北京：教育科学出版社，2016：134-141.

[36] 孔德英，张大俭.教师必备的教育教学理论/保定：河北大学出版社，2015：4，202-208.

[37] 余文森.关于教学改革的原点思考[J].全球教育展望，2015（05）：8-8.

[38] 吴康宁.中国教育改革为什么会这么难[J].华东师范大学学报教育科学版，2010，28（4）：1-4.

[39] Lager M.J.，Platt. G.J.& Treglia，M. Inverting the Classroom：A Gateway to Creating an Inclusive Learning Environment [J]. Journal of Economic Education，2000.

[40] R.E. Mayer. Learning and Instruction（2nd ed.）. New Jersey：Merrill Prentice Hall，2008：502-503.

[41] Julie E. Cohen. Copyright in a Global Information Economy，Citic Publishing House，2003：90.

后 记

转眼间，2017年的春天已经来临。作为一个带领初创团队在VR教育行业奋斗的CEO，我也盼望着行业可以迎来春天。VR教育在中国究竟会如何发展，我们都不知道，而我只能从自己的角度，去做一些尝试，希望能够取得更大的成绩。这本关于VR教育实践的书，是在2016年的寒冬完成，而2016年，恰恰是行业内人士口中的"资本寒冬"。

若干年后，不知道我的公司会发展成什么样，有朋友甚至开玩笑说，希望我可以成为女版的"马云"。如果我真的做得到，将来回忆2016年这个寒冬，为了赶稿熬夜在公司打地铺的情景；大年三十吃完年夜饭就拿出笔记本电脑的情景；冬日五点起床被窝里创作的情景……我一定是感动的、欣慰的，或许是怀念的。

这本书记录的不只是我的酸甜苦辣和我的探索实践，更让我从教学角度重新审视教育，在写作过程中产生的新的思考，会帮助我有一个更清晰的思路，带领公司往更好的方向发展。

为了编写这本书，每逢周六、周日我必去国家图书馆，查文献，找资料。突然之间，感觉自己又回到了象牙塔，与知识做伴。书籍真的可以让我们暂时忘记人世间的纷纷扰扰。很多时候，我如饥似渴地读着一本本教育专家的著作，不忍放下，沉浸在书中的内容，几个小时过去，才想起来，不得不动笔自己创作了。吸收专家的知识，再内化成自己的，结合实践，再升华，也正是我希望我可以通过VR来帮助学生实现的能力。

在春天来临之前，完成这样一本书，是我的荣幸。今年，我还会有更多的实践，希望实践后能够取得更多的成果，如果真的可以，我期待可以把更多的经验分享给更多的读者。VR教育，离普及还有一段路要走，这需要更多的人愿意去实践、分享。

杜颖
2017年3月11日